Melhor do que Sexo

Theresa Cheung

Melhor do que Sexo
O Prazer do Chocolate na Sua Vida

Tradução:
DENISE DE C. ROCHA DELELA

EDITORA PENSAMENTO
São Paulo

Título original: *Better than Sex.*

Copyright © 2005 Conari Press.

Todos os direitos reservados. Nenhuma parte deste livro pode ser reproduzida ou usada de qualquer forma ou por qualquer meio, eletrônico ou mecânico, inclusive fotocópias, gravações ou sistema de armazenamento em banco de dados, sem permissão por escrito, exceto nos casos de trechos curtos citados em resenhas críticas ou artigos de revistas.

A Editora Pensamento-Cultrix Ltda. não se responsabiliza por eventuais mudanças ocorridas nos endereços convencionais ou eletrônicos citados neste livro.

Dados Internacionais de Catalogação na Publicação (CIP)
(Câmara Brasileira do Livro, SP, Brasil)

Francis-Cheung, Theresa
Melhor do que sexo : o prazer do chocolate na sua vida / Theresa Cheung ; tradução Denise de C. Rocha Delela. -- São Paulo : Pensamento, 2006.

Título original: Better than sex : chocolate principles to live by
ISBN 85-315-1447-9

1. Chocolate I. Título.

06-2024   CDD-641.3374

Índices para catálogo sistemático:
1. Chocolate : Alimentos e bebidas   641.3374

O primeiro número à esquerda indica a edição, ou reedição, desta obra. A primeira dezena à direita indica o ano em que esta edição, ou reedição, foi publicada.

Edição
1-2-3-4-5-6-7-8-9-10-11

Ano
06-07-08-09-10-11-12-13

Direitos de tradução para o Brasil
adquiridos com exclusividade pela
EDITORA PENSAMENTO-CULTRIX LTDA.
Rua Dr. Mário Vicente, 368 — 04270-000 — São Paulo, SP
Fone: 6166-9000 — Fax: 6166-9008
E-mail: pensamento@cultrix.com.br
http://www.pensamento-cultrix.com.br
que se reserva a propriedade literária desta tradução.

Impresso em nossas oficinas gráficas.

*Este livro é dedicado
às quinze entre cada dez pessoas
que, segundo a nossa pesquisa,
adoram chocolate!*

Sumário

Agradecimentos 9

Introdução: A magia do chocolate. 11

Princípios de sabedoria do chocolate para a vida diária. 15

Descubra qual é o seu recheio 17

Deixe que ele derreta na boca. 37

O chocolate causa bem-estar. 59

Não precisa comer a caixa toda. 75

Com um bom chocolatinho aqui e outro ali, você vai longe. 87

Divida o seu chocolate. 103

Céu de chocolate. 121

Posfácio: O chocolate ao redor do mundo 141

Apêndice: Prazer sem culpa 147

Agradecimentos

Quero agradecer a Jan e a toda equipe da Red Wheel/Weiser/Conari por me permitir combinar duas das minhas paixões — comer chocolate e escrever. Sou muito grata a Ray e aos meus dois lindos filhos, Robert e Ruth, por me ajudarem na fase de degustação da minha pesquisa, e à dra. Priscilla Stuchey pela sua ótima revisão.

Introdução

A magia do chocolate

Macio, suave, sensual, doce, saboroso, intenso, cremoso, sedutor — e delirantemente delicioso. Não admira que o chocolate seja uma paixão ardente no mundo todo. No entanto, dada a imagem pecaminosa que ele tem, a culpa geralmente acompanha a satisfação desse doce prazer. Existem, porém, boas novas com relação ao lado sombrio do chocolate. Estudos recentes comprovam o que os maníacos por chocolate sempre souberam: o chocolate não causa todos os problemas de que ele é acusado, como acne, obesidade e vício. Na verdade, apreciado com moderação, ele pode proteger o coração, elevar o humor e até aumentar a longevidade. Sim, o chocolate pode ser bom para a saúde!

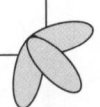

  Foi depois de um desses momentos que só o chocolate proporciona, quando você sente aquele "enooorme" bem-estar, que eu comecei a pensar sobre o meu caso de amor com o chocolate e em como ele sempre consegue elevar o meu astral. E se eu conseguisse enfrentar a vida com esse mesmo entusiasmo, essa mesma paixão? Algumas pessoas passam a vida toda em busca da iluminação. Outras a encontram aqui e agora. O chocolate é o alimento dos deuses: energia, conforto e comunhão com o cosmos, tudo isso na mesma embalagem. Neste mundo onde não se pode confiar em ninguém, eu sei que sempre posso contar com ele para levantar o meu moral. O que eu poderia aprender com isso? Que vínculos eu poderia descobrir entre o chocolate, a criatividade e a espiritualidade?

Foi isso o que me levou a escrever um livro que relaciona os princípios de uma vida bem vivida com este prazer irresistível que derrete na boca: o chocolate. Os sete princípios de sabedoria do chocolate são tão enaltecedores, reconfortantes e prazerosos quanto a delícia que eles celebram. Eles lhe oferecem um guia para que você aproveite a vida por meio do chocolate — sem sentir culpa.

Você pode ler este livro do começo ao fim ou pode saboreá-lo aos bocadinhos, como uma fonte de inspiração para a vida diária. Enquanto lê, por que não cair em tentação e deixar um pedacinho do céu derreter na sua boca? O chocolate tem gosto de paraíso — e é algo que todos nós merecemos de vez em quando.

Doces curiosidades sobre o chocolate

Três milhões e quinhentas mil toneladas de chocolate são produzidas todos os anos nos Estados Unidos. As estatísticas mostram que um norte-americano médio consome seis quilos de chocolate por ano!

O chocolate é o sabor favorito da América. Uma pesquisa com mil adultos norte-americanos mostrou que um terço deles prefere sobremesas e guloseimas com sabor de chocolate.

No Reino Unido, o consumo médio de chocolate por pessoa é de oito quilos por ano. No entanto, os maiores consumidores de chocolate do mundo são os suíços, seguidos de perto pelos noruegueses e depois pelos belgas, holandeses e alemães.

Os fabricantes de chocolate são responsáveis atualmente pelo consumo de 40% das amêndoas do mundo e 20% dos amendoins do mundo. Os fabricantes norte-americanos usam por volta de 750 milhões de litros de leite por ano; só as fábricas de queijo e de sorvete usam mais do que isso.

Em todas as missões espaciais russas e norte-americanas, o chocolate fazia parte da dieta dos astronautas, tanto pelo seu teor nutritivo quanto pela propriedade que tem de elevar o moral. Na Segunda Guerra Mundial, o chocolate foi distribuído a milhões de soldados.

O chocolate apareceu pela primeira vez na tela do cinema quando Jean Harlow entrou em cena comendo bombons no filme *Dinner at Eight*, de 1933. Usou-se calda de chocolate no lugar de sangue, na aterrorizante cena do chuveiro do filme *Psicose*, de Alfred Hitchcock.

O chocolate pode ser um ingrediente importantíssimo na luta contra a destruição das florestas tropicais. Como o chocolate vem do cacaueiro, nativo dessas florestas, para assegurar o futuro do chocolate, nada mais sensato do que preservar um sistema de plantio que já existe há milhares de anos.

O chocolate tem uma longa vida de prateleira: até 18 meses.

O ponto de derretimento da manteiga de cacau fica levemente abaixo da temperatura do corpo humano, o que explica por que o chocolate derrete na boca.

O chocolate é o alimento pelo qual mais suspiramos. De acordo com uma pesquisa realizada pelo *Journal of the American Diabetic Association*, 40% das mulheres e 15% dos homens não resistem a uma barrinha de chocolate.

Segundo Tony Bilsborough, da fábrica de chocolate inglesa Cadbury, 60% das mulheres trocariam uma noite de sexo por um chocolate.

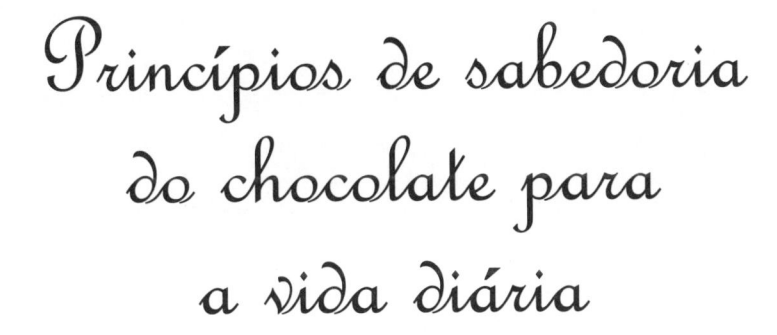

Princípios de sabedoria do chocolate para a vida diária

1. **Descubra qual é o seu recheio**: As mudanças positivas acontecem de dentro para fora.
2. **Deixe que ele derreta na boca**: faça com que a sua vida seja extraordinária.
3. **O chocolate causa bem-estar**: pare de sentir culpa.
4. **Não precisa comer a caixa toda**: tenha firmeza para dizer "Sim" ao que é importante e "Não" ao que não é.
5. **Com um bom chocolatinho aqui e outro ali, você vai longe**: não se contente com pouco. Exija o melhor.
6. **Divida o seu chocolate**: dê e receba na mesma medida.
7. **Céu de chocolate**: você pode curar a sua vida.

Princípio 1

Descubra qual é o seu recheio

SOBRE O CHOCOLATE: Escolha o seu chocolate recheado ou trufa preferida. Deixe que o chocolate fique na boca durante alguns segundos, para liberar os seus sublimes aromas e sabores. Depois mastigue bem devagar, para descobrir qual é o recheio. Não tenha pressa; deixe que o chocolate e o recheio se misturem e derretam aos poucos na sua boca. Ai, que delícia!

SOBRE A VIDA: As mudanças positivas acontecem de dentro para fora.

Abra uma caixa de bombons sortidos e você estará diante de um microcosmo da vida. São muitos os prazeres que ela oferece, mas você tem de experimentar para saber. (Por que outra razão haveria recheios de creme de abacaxi ou nugá de laranja-lima?) É muito mais gostoso quando você sabe quais são os recheios antes de escolher um. Na vida também é assim. Se você quer ter uma vida feliz e gratificante, precisa saber o que existe dentro de você. Precisa saber do que você gosta e do que não gosta.

Descubra o que existe aí dentro

Se você não sabe o que lhe faz bem, como pode fazer mudanças positivas? O primeiro princípio do chocolate é descobrir qual é o seu recheio, conhecer-se melhor. E para isso é preciso que você tenha mais consciência de si mesmo. Isso significa olhar bem dentro de você e observar o que você pensa e sente sobre si mesmo e sobre a vida.

Você está feliz com a sua vida? O que é importante para você? O que o deixa triste? O que lhe faz bem?

Não se preocupe se por acaso você não souber como responder a essas perguntas. O importante é que você comece a fazê-las e a cultivar o hábito de refletir sobre as razões que o levam a pensar e a se sentir desse modo. Cada vez que você faz uma pausa para reparar no modo como faz as coisas ou se pergunta por que está se sentindo de uma determinada maneira, você aprende um pouco mais sobre quem você é, e esse é o primeiro passo para uma vida mais feliz. Afinal de contas, o autoconhecimento é o princípio da sabedoria.

A ousadia de saber quem você é

O recheio de que você mais gosta pode dizer muito sobre quem você é. Qual deles mais atrai você? Esses recheios — seu aroma, seu sabor, sua textura — estão relacionados ao seu humor, aos seus pensamentos e à sua auto-estima. Depois de entender o que cada um deles indica, você vai conseguir entender melhor os seus sentimentos. Portanto, por que não reservar alguns minutos para o seu chocolatinho e descobrir qual é o seu recheio interior?

Abacaxi: Você tem espírito de aventura e adora se divertir. Gosta de aprender e adora conversar — às vezes até um pouco demais.

Amêndoas: Pessoa de raciocínio rápido e amante da liberdade, você adora as mudanças e a variedade. Pode parecer leviano de vez em quando e ter a tendência de passar rapidamente de uma coisa para outra ou de um relacionamento para outro.

Amendoim: você é o tipo de pessoa que adora ficar ao ar livre. O tempo é precioso para você e você se envolve muito — às vezes demais — nas atividades do dia-a-dia.

Avelã: Você ama a natureza e confia cegamente na sua intuição, que geralmente lhe garante o sucesso. Talvez você tenha de lutar contra a timidez.

Café: Um pensador profundo que adora a arte da conversação e do debate, você tem uma mente aberta. Pode ter uma tendência a ser impaciente ou a se concentrar a tal ponto no trabalho que chega a se esquecer de quem ama.

Calda de chocolate: Você encara a vida de um jeito leve e gracioso, mas é importante que deixe a sua marca neste mundo. Quando não consegue o que quer, você se sente tolhido e frustrado.

Caramelo com nozes: Você é amigo de todo mundo. Tem carisma, mas também pode ser um pouco sedutor ou provocante.

Caramelo duro: Você é uma pessoa confiável e não gosta de deixar nada por fazer. A rotina é importante para você. O lado negativo disso é que você pode achar difícil ouvir e respeitar o ponto de vista das outras pessoas.

Caramelo macio: Você é uma pessoa afável, com quem todo mundo se sente à vontade. Mas essa afabilidade faz com que você às vezes não receba o crédito ou a recompensa que merece.

Castanha-do-pará: A sua vida parece perfeita e você gosta de ser visto em todos os lugares certos. Mas, embora não pareça, às vezes você se sente vulnerável e ansioso.

Cereja: Você tem ânsia pela vida e pelo amor. A sua energia é inacreditável. Só de olhar para você os outros já se sentem cansados.

Chocolate: Você consegue rir de si mesmo e não se leva muito a sério. Gosta do jogo da vida e olha o futuro com um otimismo saudável.

Coco: Criativo e com dotes artísticos, você gosta de música, da dança e dos ritmos da vida, mas pode parecer um tanto inconstante aos olhos dos outros.

Crocante: Você é uma pessoa cheia de idéias e com muita energia criativa. Para você, a viagem é mais importante do que o destino, o que significa que você pode começar projetos e nunca concluí-los.

Damasco: Gentil e seguro de si, você gosta de ajudar os outros e de criar um clima de segurança e aconchego à sua volta. Você também pode perder a paciência de vez em quando e achar difícil confiar nos outros.

Framboesa: Você gosta que a vida seja simples e divertida e, quando ela fica complicada, você se sente ingênuo e perdido.

Gengibre: Sucesso e poder são importantes para você, e você está preparado para fazer o que for preciso para conquistá-los — mesmo que isso signifique enfrentar a solidão e fazer sacrifícios.

Laranja: você precisa encontrar um sentido na vida, para descobrir quem você é e preencher as suas necessidades espirituais. Só não se esqueça de que você tem necessidades físicas e emocionais também.

Laranja-lima: Você sabe que rumo dar à sua vida e dá atenção aos seus sentimentos. Você precisa de um tempo e de um espaço só seus, para se reabastecer e recuperar as forças, pois é uma pessoa que se ofende e se magoa com facilidade.

Limão: Você gosta de agir à sua maneira, sem dar a mínima para o que os outros estão pensando. Às vezes, você pode ser um pouco introspectivo demais e precisa de alguém que o ajude a encarar a vida com mais leveza.

Manjar Turco: A espiritualidade é um tema importantíssimo na sua vida, e você está sempre buscando mais da vida do que do mundo material. O problema é que, nessa busca por significado, você perde o contato com a realidade.

Marshmallow: Você é muito sociável; gosta de festas e de pessoas à sua volta. O perigo é que você pode se cansar facilmente delas.

Menta: Elegante e sofisticado, você esbanja carisma. Não é que você não queira assumir compromissos, é que a vida é simplesmente excitante demais e você ama a liberdade.

Morango: Amável e carinhoso, você é um eterno otimista e vive cheio de amor para dar. A sua generosidade faz com que às vezes as pessoas tirem vantagem de você.

Nozes: Você encara a vida de maneira aberta e descomplicada. Embora se comunique bem com as pessoas, às vezes você prefere ficar sozinho.

Noz-pecã: Manter a juventude do corpo e da mente é importante para você, e isso faz de você uma pessoa atraente, mas leviana no amor.

Passas: Preocupado com a saúde e muito disciplinado, você respeita a si mesmo e aqueles que estão à sua volta. Às vezes, porém, você é um pouco severo demais consigo mesmo.

Evidentemente, isso é só uma brincadeira. Os amantes dos recheios de nozes nem sempre são tão artísticos e os amantes dos recheios de morango nem sempre são carinhosos e prestativos. Mas essa brincadeira pode ajudar você a ter uma idéia a seu respeito. Que tipo de pessoa você é? O que gosta em si mesmo? Quais são os seus pontos fortes? E os seus pontos fracos? Quais são os seus sentimentos mais profundos?

Dê uma boa olhada em si mesmo

Dê uma boa olhada na maneira como você vive. Que tipo de coisa chama a sua atenção? Quais são as coisas, além do chocolate, que levantam o seu astral?

Observe a sua vida, isso pode ser muito útil. Dê um passo para trás e simplesmente observe o que você pensa, sente, diz e faz. A auto-observação é uma técnica muito conhecida para aumentar a consciência que você tem de si mesmo. Ela pode ajudá-lo a separar o que você pensa e sente do que você é. Você verá que, ao longo do dia, vários pensamentos e sentimentos fluem constantemente por você. Você perceberá que esses pensamentos e sentimentos, por mais fortes que sejam, estão fora de você. Você é aquele que se permite experimentá-los. Você é quem está no comando.

Quando começar a se conhecer melhor, você também começará a reconhecer acontecimentos, padrões de comportamento, reações ou atitudes que lhe trazem infelicidade. Talvez o seu trabalho o tenha deixado estressado, o seu relacionamento não vá tão bem quanto poderia, você esteja fazendo coisas em conseqüência da pressão dos amigos e da família ou talvez esteja apenas se sentindo deprimido e não sabe por quê. Seja qual for a razão, depois que conseguir constatar e reconhecer que não está tão feliz como gostaria, talvez você possa começar a pensar num modo de fazer mudanças positivas. Você só pode mudar aquilo de que tem consciência.

Todas as mudanças começam por você

Mas como você começa a fazer mudanças positivas? Simples. Comece essas mudanças em VOCÊ.

Depois que reconheceu a necessidade de fazer essas mudanças, tudo o que você tem a fazer é começar — não com o seu par, com os seus filhos, com a sua família, com os seus amigos, com o seu guarda-roupa, com o seu peso ou com o seu trabalho, mas com você. Tudo começa com você. As mudanças positivas sempre começam dentro de nós.

Você pode começar agora mesmo a se sentir melhor com respeito a si mesmo e à sua vida se mudar o modo como se vê. Quando está de bem consigo mesmo, você fica calmo, confiante e no comando. Quando não se sente bem com relação a si mesmo, tudo começa a dar errado. Escolher um chocolate com um recheio de que você não gosta é uma grande decepção para quem é viciado em chocolate. Não deixe que isso aconteça na sua vida também. É por isso que a mudança de dentro para fora — depois que você se sente bem consigo mesmo ou tem auto-estima — é o primeiro princípio do chocolate.

Você se sente bem consigo mesmo?

Para descobrir, você precisa se fazer as seguintes perguntas:

- Eu gosto de mim mesmo?
- Eu me acho um bom ser humano?
- Eu mereço ser amado?
- Eu mereço ser feliz?
- Eu realmente acho que sou uma pessoa legal?

Se você achou difícil responder "Sim" a todas essas perguntas, isso é sinal de que sentimentos negativos sobre si mesmo estão limitando as suas chances de ser feliz. Além disso, você provavelmente está emitindo sinais de que não ama, não aprecia e não valoriza a si mesmo, e isso só faz com que seja difícil, para as outras pessoas, amar, apreciar e valorizar você.

Sinta-se bem consigo mesmo

Sentir-se bem consigo mesmo é um objetivo pelo qual temos de lutar a vida inteira. Não espere que isso aconteça da noite para o dia. O chocolate é um jeito confiável e comprovado de elevar o ânimo, mas por mais maravilhosos que sejam os seus efeitos, eles nunca duram mais do que alguns instantes. A seguir, você conhecerá maneiras mais duradouras de conseguir esse bem-estar. Experimente-as e veja os efeitos imediatos que elas podem exercer na sua vida. Depois, passe para o princípio número dois e veja como você pode transformar essa nova consciência numa mudança positiva.

Livre-se das amarras

Perdoe-se quando meter os pés pelas mãos. Absolva-se. Não adianta se torturar pelos erros que cometeu; isso não vai fazê-lo se sentir melhor. É como chutar um cavalo que não consegue se manter de pé. Ele vai começar a pensar: "Para que eu vou me dar ao trabalho de me levantar? Eu não consigo ir tão rápido quanto você gostaria, então é melhor eu ficar aqui e não ir a lugar nenhum!"

Se as coisas derem errado e você fizer alguma coisa realmente idiota, trate-se com gentileza. Observe a maneira como você fala consigo. Não se coloque para baixo; em vez disso, repreenda-se com delicadeza, como se você fosse uma criancinha com oportunidade de aprender alguma coisa. Seja respeitoso ao se dirigir a si mesmo, em vez de se massacrar com condenações. Mude o tom de voz e escolha as palavras com cuidado. Use palavras neutras, em vez de negativas. Por exemplo, "Isso não foi nada bom..." em vez de "Que coisa horrível!", "Dessa vez não deu certo" em vez de "Que fracasso retumbante!" e daí por diante. Respire fundo e se acalme antes de tomar alguma atitude precipitadamente ou começar a se criticar.

Cada vez que as coisas não saírem como você esperava, lembre-se de que poderia ser pior. Por exemplo, você perdeu o emprego, mas não perdeu as suas habilidades nem a sua experiência. Você engordou dez quilos, mas parou de engordar. Você comeu mais bombons do que deveria, mas não comeu a caixa inteira. Isso fará com que a sua mente se tranqüilize e comece a reconhecer os seus pontos fortes. Com isso em mente, procure encontrar um modo de tirar mais proveito deles.

Não se esqueça de que "errar é humano" e de que a maioria de nós aprende errando. Então, pare de se martirizar. Culpar os outros ou a si mesmo pelas coisas que dão errado na sua vida, além de não adiantar nada, faz com que você se sinta impotente. O passado é simplesmente isto: passado. Reflita sobre o que deu errado e por quê. Faça correções se necessário, concentre-se no que você fez de positivo e siga em frente. Você não pode apagar o passado. Esqueça o que passou. "Uma das chaves da felicidade", disse a escritora Rita Mae Brown, "é ter memória curta."

Lembre-se de que você fez o melhor que podia e concentre-se no momento presente. Aceite a responsabilidade, aprenda com os erros que cometeu e transforme todos os arrependimentos que possa ter na decisão de fazer diferente dali em diante.

Ouça a intuição

Nós nos entendemos muito bem, o chocolate e eu. O meu marido diz que
eu sou até capaz de ouvir o que o chocolate diz.
— Maria Heatter, autora de livros de culinária

Se você quer ser feliz, precisa ser verdadeiro consigo mesmo. Precisa seguir os seus instintos. Isso significa que precisa ouvir a sua intuição. O que eu quero dizer por intuição?

Segundo o dicionário, intuição é o conhecimento que não provém da razão ou da dedução. Ela é o nosso portal para uma sabedoria mais profunda e mais ampla do que a nossa mente.

Intuição é ter consciência de alguma coisa sem saber como se tem consciência disso. Intuição é sabedoria interior, que desempenha um papel fundamental na conquista do sucesso. Algumas pessoas são mais intuitivas do que outras, mas cada vez surgem mais provas de que todos possuem essa capacidade em alguma medida.

Não seria maravilhoso se sempre pudéssemos confiar na nossa intuição para nos guiar com segurança ao longo da vida e evitar que cometêssemos erros ou nos desviássemos do caminho certo? Infelizmente, não é assim que a coisa funciona. Nem sempre é fácil reconhecer ou invocar os poderes da intuição. A intuição é misteriosa e esquiva, mas de uma coisa nós sabemos: ela vem quando a nossa mente está relaxada.

Você já se pegou pensando "Está na ponta da língua!", quando quer se lembrar de algo, mas não consegue por mais que tente? Depois você volta a se ocupar com as atividades do dia e, de repente, a resposta lhe ocorre, quando você menos esperava. A intuição funciona de um modo parecido. Digamos que você esteja enfrentando um problema, talvez no trabalho ou na sua vida pessoal. Você já analisou o problema de todos os ângulos, mas nenhuma solução lhe ocorreu e você achou melhor não pensar mais no assunto. Você relaxou e passou a se ocupar de outra coisa. O problema se esgueirou para o inconsciente e a sua intuição começou a examinar todas as informações acumuladas na sua mente e a fazer conexões. E, então, como que por encanto, a resposta aparece.

A intuição trabalha melhor quando você está relaxado. Você tem mais condições de receber mensagens intuitivas nos momentos de calma e serenidade, quando a sua mente lógica está menos ativa ou em repouso. Se a sua vida é ocupada e cheia de compromissos, as distrações serão tantas que a sua intuição não será capaz de se fazer ouvir. Atividades próprias para acalmar a mente, como a meditação, o yoga ou o tai chi, podem ajudar, mas também existem outras coisas que você pode fazer para estimular a sua intuição.

    Reserve algum tempo para relaxar, longe de distrações como televisão, rádio e crianças barulhentas e use esse tempo para pensar, imaginar e sonhar. Você pode aproveitar para tomar um banho relaxante, caminhar, ouvir música ou ficar olhando para o céu. Da próxima vez que saborear uma barra de chocolate, deixe que os seus medos e preocupações se dissipem à medida que o chocolate derrete na boca. Saboreie esse sabor delicioso e procure fazer com que esse sentimento acompanhe você ao longo de todo o dia. Não importa o que você faça, não dê atenção a nenhum pensamento dirigido; deixe que a intuição ocupe o centro do palco. Então, quando você menos esperar, pode receber algum tipo de inspiração. Reserve um horário todos os dias para fazer uma pausa e o contato com a sua intuição ficará cada vez mais fácil.

    Um pensamento intuitivo pode lhe ocorrer logo pela manhã, quando você acordar, ou pode vir na forma de um sonho cheio de significado. Por que não manter um caderno ao lado da cama para registrar os seus sonhos? Não se preocupe em consultar livros sobre interpretação de sonhos; o que importa é a interpretação que VOCÊ dá às imagens. Talvez você venha a descobrir que o seu corpo está lhe mandando uma mensagem da sua intuição — uma dor de cabeça quando você se sente estressado, por exemplo. Ou coisas que têm um significado especial para você, como uma música ou um tipo de comida, podem lhe vir à mente num momento em que você precisa de apoio, e lhe proporcionar paz de espírito e coragem. A sua intuição também pode se comunicar com você em partes — um pouco agora, mais um pouco depois — e só quando todas as peças do quebra-cabeça estiverem no lugar, as coisas começam a ficar mais claras.

    Mas como você sabe que é a sua intuição que está lhe mandando uma mensagem? Afinal de contas, a nossa cabeça está sempre cheia de pensamentos e vozes nos dizendo coisas.

Quando você sabe algo intuitivamente, simplesmente sabe. Esse "conhecimento" vem acompanhado de calma e serenidade, que são muito diferentes dos pensamentos ruidosos que acompanham o medo. Se os pensamentos que lhe ocorrem são cheios de vergonha, medo, culpa, preocupação e julgamento, pode apostar que não é a sua intuição falando, pois ela tende a ser gentil, delicada e destituída de julgamentos. No entanto, ela pode avisá-lo de que alguma coisa está errada ou não é a ideal para você e que é hora de mudar os rumos das coisas e encontrar uma solução melhor. Essa mensagem pode ser transmitida sem palavras, só com a impressão de que você está no caminho errado.

Se você quer ser feliz e cheio de vida, confie mais na sua intuição. Deixe que ela trabalhe por você. Cultive o hábito de carregar sempre com você uma caneta e um papel ou de anotar qualquer pensamento que lhe ocorra e que pareça vir da sua intuição. Não precisa ser nada extraordinário, mas apenas pensamentos acerca das suas atividades rotineiras. No final do dia, repasse o que você escreveu e veja se surge algum padrão nos dias ou semanas seguintes. Não tente forçar o processo. Tenha paciência e a certeza de que você sabe o que é melhor para você. Comece a dar mais atenção aos seus palpites e pressentimentos, e a sua vida vai ficar cada vez melhor.

Sorria mais

Como você se sente depois de dar uma boa risada? Você se sente muito bem! É como se estivesse mais leve e disposto a seguir em frente. A risada e o sorriso de fato trazem benefícios à saúde. Eles estimulam a produção de endorfinas (os analgésicos naturais do corpo), que provocam uma sensação de euforia. Quando vê o lado engraçado da vida, você é mais capaz de ver as coisas em perspectiva; é mais fácil se perguntar se o problema é tão grande quanto você imaginou.

Que benefícios incríveis! Seja o que for que esteja lhe causando aborrecimento, certamente vale mais a pena encontrar um motivo para dar risada. Se você abrir um sorriso, as pessoas ficarão mais propensas a sorrir para você. E isso fará com que você se sinta bem. Descubra o que o faz rir — um livro, um filme, um amigo, uma atividade. Procure dar mais risada; ela ainda é o melhor remédio. Não é nada fácil ficar de mal com a vida e consigo mesmo quando você dá uma boa risada.

Coisas divertidas sobre o chocolate para fazer você sorrir

- Eu tenho uma teoria de que o chocolate retarda o processo de envelhecimento. Pode não ser verdade, mas e se for?
- Para evitar que o chocolate derreta, coloque-o na boca e engula.
- Uvas, cerejas, gomos de laranja e morangos não deixam de ser frutas só porque foram cobertos por uma camada de chocolate; portanto, coma-os à vontade.
- Para ter uma alimentação balanceada, você precisa comer alimentos dos cinco grupos a seguir: laticínios, grãos, carnes, frutas e verduras, e chocolates.
- Quem disse que o dinheiro não compra felicidade só podia estar brincando. As melhores coisas da vida custam uma ninharia e podem ser compradas em qualquer doceira ou confeitaria.
- Chocolate é mais barato do que terapia e você não precisa nem marcar hora.
- Os homens não podem viver só de chocolate — as mulheres podem.
- O chocolate não substitui o amor, é o amor que substitui o chocolate. Convenhamos, o chocolate é muito mais confiável do que um homem.
- Não existe nada melhor do que um amigo leal — com exceção de um amigo leal com um chocolate.

- Nove entre dez pessoas gostam de chocolate, e a décima pessoa está sempre mentindo.
- O café, o chocolate e os homens são coisas que ficam muito melhor quando "enriquecidas".
- Eu desistiria do chocolate, mas não sou uma pessoa de desistir facilmente das coisas.
- Força é a capacidade de partir uma barra de chocolate com as mãos e depois comer só um pedaço.
- Coloque o item "comer chocolate" no topo da sua lista de afazeres do dia. Assim você terá certeza de que cumprirá pelo menos uma "tarefa" da lista.
- O chocolate é um jeito natural de se preparar para a segunda-feira.
- O chocolate é afrodisíaco; ele aumenta o desejo por mais chocolate.
- Eu nunca encontrei um chocolate que não me agradasse.
- O chocolate faz todo mundo sorrir — até os banqueiros.

Doce como chocolate

Quando estamos deprimidos, uma das coisas que mais levantam o nosso ânimo é ajudar outra pessoa. Por quê? Porque é muito difícil ficar de mal consigo mesmo quando se está ocupado pensando em outra pessoa. Ironicamente, quando ajuda os outros você faz as pazes consigo mesmo.

Então, por que você não sai do seu trajeto habitual hoje para tornar a vida de outras pessoas, e a sua própria, um pouco mais doce? Diga um alô a alguém que está se sentindo solitário, segure a porta aberta para alguém passar, ofereça o seu assento para uma pessoa mais velha, seja voluntário por uma boa causa, recolha o lixo de uma praça pública, lave a louça, seja gentil ou simplesmente sorria. Existem tantas maneiras de contribuir para melhorar a vida das outras pessoas e, por tabela, melhorar a sua também.

Concentre a sua vida nos valores positivos

Agora que você começou a descobrir mais sobre si mesmo e a pensar em como sentir bem-estar, vamos passar para o x da questão e descobrir o que existe de fato dentro de você. O seu recheio é saboroso e enriquecido ou insosso e decepcionante?

Para que você seja uma pessoa de conteúdo, a sua vida não pode girar em torno de pessoas ou coisas como trabalho, dinheiro ou aparência, mas sim de valores e princípios mais profundos. Viver em função de qualquer outra coisa que não sejam valores positivos é uma receita para o desastre. Se você só pensa em trabalho o tempo todo, então bastará um pequeno aborrecimento para acabar com a sua paz de espírito. Se você só pensa no seu par, a sua vida não será tão satisfatória quanto poderia ser. Se as opiniões dos seus amigos são tudo o que lhe interessa, você ficará vulnerável quando esses amigos mudarem de idéia ou magoarem você. Mas, se a base da sua vida forem os seus valores, você terá a força interior e o poder de decisão de que precisa.

O que são valores? Valores são coisas como honestidade, respeito, amor, lealdade, generosidade, humildade, confiabilidade e responsabilidade. Existem muitos outros valores e o seu coração os reconhecerá com facilidade. Para compreender por que os valores positivos são tão importantes, imagine a sua vida baseada nos valores opostos. É impossível ser feliz sentindo ódio, decepção e raiva.

Viver de acordo com os seus valores e princípios não é uma coisa fácil, especialmente se as pessoas à sua volta não fazem o mesmo. Mas, como já disseram, "A minha força é a força de dez homens, porque o meu coração é puro". Ser honesto, honrar os compromissos, cumprir as promessas que faz aos outros e a si mesmo, fazer o que acredita que é certo e ser verdadeiro consigo mesmo é sempre a melhor política, mesmo que os outros não costumem fazer o mesmo. A tentativa de ser alguém que você não é só servirá para que se sinta inseguro. Judy Garland expressou-se brilhantemente ao dizer, "Seja sempre uma versão original de si mesmo, e não uma versão copiada de outra pessoa".

Seja o seu melhor amigo

Espero que você esteja começando a captar o espírito da coisa. O princípio número um consiste em descobrir qual é o seu recheio e ser verdadeiro consigo mesmo. Isso parece muito mais fácil do que é na realidade; por isso, não entre em pânico se você nem sempre se sentir bem interiormente; continue simplesmente tentando. Sempre que começar a se sentir mal consigo mesmo, experimente fazer este exercício.

Imagine que você deu um passo para fora de si mesmo e está parado na sua frente. Torne-se o seu melhor amigo. O que você diria a si mesmo para lhe dar autoconfiança, apoio e conforto? De que modo você tentaria estimulá-lo a fazer as pazes consigo mesmo? Você se daria um abraço? Diria a si mesmo que está fazendo o melhor que pode e reconheceria que a vida pode ser bem difícil às vezes, mas que você aposta em si mesmo e está se saindo muito bem?

Esse exercício é fácil, além de ajudar muito. Quando se sentir deprimido, torne-se o seu melhor amigo e veja como se sente bem melhor.

Quando pensa em si mesmo, que tipo de pessoa você mentaliza? Não é fácil dar uma boa olhada em si mesmo, especialmente nos dias em que se sente deprimido. Muitos de nós são muito autocríticos e encontram um monte de defeitos em si mesmos. Muitas dessas crenças negativas não têm fundamento. Nós não somos preguiçosos, nem burros, nem pessoas imprestáveis ou coisa parecida. Passamos a acreditar nisso quando éramos muito pequenos e, nessa idade, acreditávamos em tudo o que nos diziam. Até conseguir substituir essas crenças negativas, você sempre duvidará de si mesmo.

Portanto, treine a mente para acreditar em coisas positivas. É de fato muito simples. Toda vez que sentir ou pensar algo negativo com relação a si mesmo, torne-se o seu melhor amigo e combata os pensamentos negativos com algo positivo e confortador. Por exemplo, sempre que se pegar dizendo a si mesmo que você é um burro, pare e diga que é inteligente. Faça isso até que se torne um hábito. Essa técnica leva tempo para funcionar e requer alguma prática, mas ela realmente funciona.

Portanto, de agora em diante não acredite em nada do que você pensa a seu respeito; questione tudo. O que você tem a perder? Só uma vida inteira duvidando de si mesmo.

Como você gosta do seu chocolate?

Observe as pessoas enquanto elas escolhem um chocolate de uma caixa. Ou, melhor ainda, perceba a maneira como *você* faz isso.

Você demora para escolher ou simplesmente pega um sem olhar? Lê primeiro a lista de sabores na caixa? Note que esses detalhes podem lhe dar dicas sobre o modo como você encara a vida. Você engole rápido o chocolate ou saboreia devagar cada pedaço? O que você acha que isso revela a seu respeito? Se costuma pegar sempre o mesmo tipo de chocolate da caixa, o que será que isso significa? Será que você está preso a uma só maneira de agir e não tem disposição para tentar algo novo? Ou isso significa simplesmente que você sabe o que é melhor para você?

> Você pega os chocolates da camada inferior da caixa antes que a camada de cima termine? Isso pode indicar que você não está satisfeito com o que a vida lhe oferece ou que está em busca do significado oculto da vida. Os princípios da sabedoria do chocolate mostram que, se você não encontrar esse sentido dentro de você, não encontrará em nenhum outro lugar; por isso, passe algum tempo com o chocolate e descubra a sua verdade interior.

Lembre-se, não existe ninguém igual a você

Nunca se esqueça de que você é um ser humano único e especial — e que não existe ninguém como você. Pense nisso. Com exceção talvez de gêmeos idênticos, as suas impressões digitais e o seu DNA são completamente diferentes das digitais e do código genético das outras pessoas. Isso significa que, entre os bilhões de homens e mulheres deste mundo, você é absolutamente único.

A Mãe Natureza deu-se ao trabalho de fazer de você uma pessoa original e inigualável. Então, não seria hora de você perceber que tem alguma coisa especial para oferecer ao mundo e que tem todo o direito de estar aqui? Não será hora de você parar de dar atenção a opiniões pouco importantes? Comece a pensar em si mesmo, com as suas impressões digitais e o seu DNA originalíssimos, como alguém importante e especial.

Não existe ninguém como você. Nunca existiu e nunca existirá outra pessoa neste planeta que seja igual a você. Isso faz de você alguém original e incomparável. Eis aí uma crença que pode lhe trazer conforto quando a vida ficar mais difícil.

Por que não aumentar ainda mais essa originalidade? Sempre que você achar que precisa ser igual a todo mundo para ser aceito, pense naquilo que você tem de diferente e celebre as suas qualidades únicas. São elas que fazem de você uma pessoa especial, com o seu próprio lugar no mundo.

Todos nós vivemos nos comparando com os outros, achando que as outras pessoas são melhores, mais magras ou mais felizes, mais ricas, mais bem-sucedidas, mais inteligentes ou mais perfeitas do que nós. Contudo, a verdade é que ninguém é perfeito — nem você, nem eu, nem ninguém. Portanto, você não é melhor nem pior do que ninguém. Você não é perfeito, mas é absolutamente especial. A sua vida é importante.

Todos os seres humanos têm problema de auto-estima — sim, até mesmo aqueles sujeitos que parecem extremamente confiantes. É como se a nossa auto-estima estivesse sempre sob ameaça e a nossa confiança pudesse aumentar ou diminuir num ritmo alarmante. Procure evitar esses altos e baixos. A nossa auto-estima é como uma bela e delicada flor, que precisa ser cultivada e bem cuidada para crescer forte e radiante.

O princípio número um é a descoberta do seu valor próprio. Use algumas das dicas apresentadas para melhorar a opinião que tem de si mesmo, mas lembre-se, ao fazer isso, de que o seu desenvolvimento pessoal é uma tarefa para a vida inteira. À medida que você descobrir novas maneiras de fazer as pazes consigo mesmo, a sua auto-estima deixará de oscilar tanto. Da próxima vez que sentir desânimo, você logo conseguirá se reerguer e começar outra vez.

Continue cultivando a sua auto-estima e um dia algo maravilhoso vai acontecer. Você será capaz de olhar fundo, dentro de si mesmo, e gostar do que vê. Você se sentirá cheio de força e vitalidade, e a vida parecerá criativa e gratificante. E, assim como aquela maravilhosa combinação entre o seu recheio favorito e o seu chocolate predileto, nada terá mais sabor ou trará uma sensação mais agradável!

Princípio 2

Deixe que ele derreta na boca

SOBRE O CHOCOLATE: Da próxima vez que você comer chocolate, não tenha pressa. Deixe-o ficar na sua boca por alguns segundos antes de mastigar, para liberar os seus aromas primários. Depois, mastigue-o algumas vezes para liberar os aromas secundários. Em seguida, deixe-o encostar levemente no céu da boca, para que você possa sentir toda a sua gama de sabores e texturas. Agora feche os olhos, se ainda não estiverem fechados, e deixe que o chocolate faça a sua magia.

SOBRE A VIDA: Escolha o tipo de vida que você quer levar e viva-a com coragem e paixão. Faça com que a sua vida seja extraordinária.

O chocolate é uma paixão universal. Que tal se encarássemos a vida com o mesmo entusiasmo e a mesma paixão?

Você é o poder e a paixão

O princípio número um referia-se à descoberta do seu valor próprio e às maneiras — além do chocolate — de estimular bons sentimentos com relação a si mesmo. Agora é hora de dar um passo à frente. O princípio número dois incentiva você a se tornar o poder, a paixão e a força que impulsiona a sua própria vida — ser tão apaixonado pela vida quanto você é por chocolate.

Existem dois tipos de pessoa neste mundo — aquelas que assumem responsabilidade e aquelas que se limitam a culpar os outros. Aquelas que fazem as coisas acontecerem e aquelas a quem as coisas acontecem. Aquelas que são apaixonadas pela vida e aquelas que não têm nenhum brilho. Aquelas que são proativas e aquelas que são reativas.

As pessoas felizes são proativas. Elas estão no comando da própria vida. Elas escolhem que atitude tomar e se entusiasmam ao falar das coisas em que acreditam. Elas reconhecem que são responsáveis pela própria felicidade ou infelicidade. As pessoas insatisfeitas são reativas. Elas deixam que a felicidade delas seja determinada por outras pessoas, coisas ou acontecimentos. Elas acham que não têm nenhum controle sobre a própria vida.

Quer saber mais? Compare as respostas a seguir com este cenário. Você comprou um caixa de bombons caríssimos, os seus favoritos, mas, em casa, ao experimentá-los, percebeu que não estavam com um gosto muito bom.

Atitudes reativas:
- Você perde a calma, liga para a loja e grita para o balconista que aquela loja é uma droga!
- Você se lamenta da sua falta de sorte. Afinal de contas, esse tipo de coisa vive acontecendo com você.
- Consola-se comendo dez barras de um chocolate mais barato.

Atitudes proativas:
- Você volta à loja e pede o seu dinheiro de volta.
- Decide nunca mais comprar nessa loja.
- Lembra-se de checar a qualidade da mercadoria da próxima vez que comprar chocolates caros.

Em geral, é possível perceber a diferença entre as pessoas reativas e as proativas prestando atenção ao tipo de linguagem que elas usam. As pessoas reativas dizem coisas do tipo "Isso só acontece comigo..." ou "É assim que eu sou" ou "Se pelo menos tal coisa não tivesse acontecido...". O que elas estão realmente dizendo é "Não posso fazer nada a respeito. Eu não sou responsável por isso; as outras pessoas é que são. Eu não tenho controle sobre isso; a vida é assim". Observe como a linguagem reativa tira o seu poder e o confere a outra pessoa ou fator.

A linguagem proativa, ao contrário, coloca o poder nas suas mãos. Em vez de dizer "Não consigo", as pessoas proativas dizem "Vou tentar". Em vez de se justificarem, dizendo "É assim que eu sou", elas afirmam "Estou pronto para tentar algo diferente". Em vez de cruzar os braços e dizer "Não posso fazer nada", elas sugerem "Vamos pensar nas alternativas". Em vez de lamentar a própria sorte, dizendo "Eu tenho de...", elas admitem "Eu escolhi...".

Ser proativo significa assumir a responsabilidade pela própria vida e ter uma atitude de quem se sente capaz. Significa fazer as coisas acontecerem em vez de esperar que elas aconteçam. Significa pensar em soluções e alternativas em vez de lamentar os obstáculos e empecilhos. Significa procurar desafios e oportunidades, não problemas. Significa ser apaixonado pela vida e ter presença de espírito. Se você está se sentindo mal porque está solitário, não espere a campainha tocar. Busque uma maneira de encontrar outras pessoas. Seja mais amável. Sorria mais. Convide alguém para sair. As pessoas podem não saber que você é uma pessoa legal. Não espere que o emprego perfeito venha até você; vá atrás dele. Mande currículos, converse com os amigos e ex-colegas de trabalho, apresente-se como voluntário para ganhar experiência, etc. Não se trata de forçar a barra ou ser agressivo, mas de ser corajoso, persistente e empreendedor.

Transforme a rejeição em solução e as contrariedades em oportunidades

Até agora você viu que, para ser proativo, você precisa reagir às situações de maneira produtiva e assumir a responsabilidade pelas escolhas que faz. Basicamente, isso significa fazer tudo o que você pode para criar o tipo de vida que você quer e manter a calma quando as coisas se complicam um pouco. Isso nem sempre é fácil, mas lembre-se de que ninguém é perfeito. Apenas cultive o hábito de ser proativo. Se a cada dez tentativas, você for bem-sucedido em três, empenhe-se mais ainda para conseguir sucesso em cinco. Nunca subestime a enorme diferença que as pequenas mudanças podem fazer.

E se o destino lhe pregar uma peça? As coisas nem sempre saem como esperávamos — você pode ser rejeitado, cometer um erro, ir à falência ou ouvir um "Não". Mais uma vez, é você quem decide como vai reagir. Seja proativo. Todo mundo passa por contrariedades. É você quem transforma a rejeição em solução.

A primeira coisa a fazer é parar de se culpar. A culpa e a condenação prendem você ao passado e não causam nenhuma mudança positiva. Embora seja importante reconhecer de que modo você contribuiu para criar a situação, não torne a coisa maior do que ela é.

As pessoas felizes com elas mesmas aceitam a derrota e a vêem como um fato isolado, que não tem nada a ver com as suas capacidades. As pessoas infelizes aceitam a derrota e a tornam maior ainda. Elas se acham responsáveis pelo insucesso e o usam para fazer previsões sobre o futuro. Portanto, aceite-se como você é. Isso não significa que deva ignorar as suas faltas ou não assumir a sua responsabilidade; significa acreditar no seu próprio valor, mesmo quando comete erros.

Se você consegue perceber exatamente onde errou, use essa informação e siga adiante; mas, se não consegue entender onde foi que errou ou por que algo aconteceu, pare de pensar que a culpa foi sua. Às vezes as coisas simplesmente acontecem. Não leve a coisa para o lado pessoal. Talvez alguém esteja ignorando você não porque sinta antipatia, mas porque está mais preocupado com problemas financeiros. Às vezes os relacionamentos não dão certo simplesmente porque o casal se distancia e não por culpa de um dos dois.

Da próxima vez que você se decepcionar, resista à tentação de assumir a culpa. Em vez disso, tente descobrir o que saiu errado. Mais tarde, você pode fazer outra tentativa aproveitando aquilo que descobriu.

Às vezes, mesmo que você seja proativo, acontecem coisas sobre as quais você não tem nenhum controle — o tempo, o mercado de ações ou a passagem do tempo, por exemplo. Se for esse o caso, aprenda a deixar para lá. Não faz sentido tentar mudar coisas que você não pode controlar. O que importa é a maneira como você reage a elas. Você pode se preocupar e se aborrecer (o que não adiantará absolutamente nada) ou pode aprender a viver com aquilo e concentrar a sua energia em coisas sobre as quais você pode fazer alguma coisa.

Toda vez que você tem uma contrariedade, lembre-se de que essa é uma oportunidade de aprendizado e crescimento. Você tem dentro de si o poder de superar o que quer que seja. As pessoas felizes se preocupam menos com a possibilidade de falhar e pensam mais nas chances que perderão se não tentarem.

Todo sucesso duradouro pressupõe reveses e decepções. Quando você compreender isso, a rejeição deixará de causar tanto medo — trata-se apenas de uma oportunidade para ser proativo e pegar a estrada do sucesso. Tenha entusiasmo e persistência de um jeito criativo. Se você realmente quer alguma coisa, descobrirá um jeito de conseguir. Não desista. Acredite em si mesmo. Toda pessoa de valor já teve de enfrentar uma rejeição. Você também pode enfrentá-la.

Se a vida lhe diz "Não", pense nisso da seguinte forma: "Não é por aí que eu devo seguir; deve haver outro jeito". Se o seu regime não está funcionando, procure uma nutricionista. Se não conseguiu a promoção que queria, procure outro emprego. Não pense que só existe um jeito de você conseguir o que quer. Seja engenhoso. Tente outras possibilidades — até mais ousadas e inusitadas. Nada faz você esquecer mais depressa as decepções do que os novos desafios.

Existem ocasiões, é claro, que, apesar de todos os seus esforços, você não consegue o que quer. O homem ou a mulher dos seus sonhos acabou virando um pesadelo, a promoção que você queria não aconteceu, você não conseguiu perder os dez quilos que planejava e daí por diante. Quando você sente que chegou no fim da linha e esgotou todas as possibilidades, aperte o botão "Pausa", saboreie um chocolate ou dois e tire um tempo para refletir. A vida nem sempre acontece de acordo com os seus planos, mas pode ser — quem sabe? — que ela tenha planos ainda melhores para você. Ainda é possível olhar o futuro com otimismo. Ninguém sabe o que ele lhe reserva.

Quando você se deparar com um obstáculo e não conseguir ultrapassá-lo, aguce a sua curiosidade tentando imaginar o que ainda está por vir. Você nunca sabe o que pode encontrar na próxima esquina! Algo até melhor do que você esperava pode acontecer. A vida é assim: se você acredita, acontece!

Confiança emocional

Não é fácil ser proativo quando as emoções o confundem, impedindo você de tomar uma decisão importante. Talvez você se sinta triste ao acordar e não consiga aproveitar o seu dia ao máximo. Talvez alguém lhe dê uma cortada no trânsito e você perca a cabeça e fique irritado pelo resto do dia. Talvez você se sinta culpado porque jogou para o alto a sua proposta de só comer comida saudável e devorou uma caixa de bombons numa tacada só.

Se os seus sentimentos estão levando você a agir de um modo que contraria os seus valores, isso pode acabar atrapalhando a sua vida. Mas, se conseguir lidar com esses sentimentos, você conseguirá reagir e se comportar de um modo mais coerente. Quando estiver consciente da influência que os seus sentimentos exercem sobre a sua capacidade de pensar com clareza, você descobrirá que ficou mais fácil ser proativo e buscar soluções mais positivas para superar os contratempos.

Pode ser difícil acreditar, mas, mesmo quando sentir que está à beira de um ataque de nervos, você vai perceber que os seus sentimentos não vão conseguir fazê-lo agir de uma certa maneira. Eles podem influenciar você, claro, mas não controlarão o modo como vai reagir. Isso é importante, por isso vou repetir. Os seus sentimentos só podem levá-lo a agir de uma certa maneira se você permitir. É você quem controla os seus sentimentos; não são eles que controlam você.

Reconhecer os seus sentimentos e saber lidar com eles não é tarefa fácil caso você esteja acostumado a negá-los, reprimi-los ou ser controlado por eles; por isso, é importante que você tome consciência do que está sentindo. As suas emoções são mensagens da sua sabedoria interior e é importante reconhecê-las e dar vazão a elas. Se você reprimi-las, o efeito biológico disso será o aumento do seu nível de *stress*. As chamadas emoções negativas, como o medo, a raiva ou a tristeza, não são emoções ruins; elas são necessárias para o nosso crescimento e desenvolvimento. As emoções são o único jeito real que nós temos para mostrar o que é importante ou não para nós. As emoções difíceis são um sinal de que você precisa fazer algum tipo de mudança na sua vida. Elas o instigam a agir, a mudar a situação ou o modo de pensar que está lhe causando angústia, para poder seguir em frente.

Aceite, escolha e enfrente

Se você já estiver mais consciente dos seus sentimentos e se se permitir senti-los, é hora de enfrentá-los. Compreender o motivo por que você está se sentindo de um determinado modo pode ajudar, mas lembre-se de que haverá ocasiões em que você não terá essa compreensão. Às vezes você se sente confuso, sem saber direito o que está sentindo e é nesses momentos que tende a reagir das maneiras mais inadequadas. Por exemplo, o seu ônibus atrasou e você está louco de raiva ou um filme ou uma canção triste fez com que você sentisse uma grande melancolia. Eis a seguir algumas sugestões sobre como lidar com esses sentimentos:

Se você começar a perceber que os seus sentimentos estão fazendo mal a você ou a outra pessoa, ou que você está comendo chocolate demais porque se sente deprimido ou descontrolado, lembre-se de que é você quem controla os seus sentimentos, não o contrário. Nada pode deixar você zangado, triste, assustado ou cheio de culpa se você não permitir.

Descubra o que os seus sentimentos estão tentando lhe dizer. Procure entender o sentimento e assuma a responsabilidade por ele, mesmo que ele lhe deixe confuso ou constrangido. Por exemplo, se estiver triste, não negue essa tristeza nem responsabilize ninguém por tê-la provocado. Note simplesmente que está se sentindo triste e aceite isso. Talvez haja uma razão para essa tristeza, talvez não. Seja qual for o caso, aceite os seus sentimentos. Aproprie-se deles.

Reconheça também que esse tumulto emocional pode ter sido provocado por sentimentos do passado que voltaram à tona e estão interferindo na situação atual. Por exemplo, se o primeiro amor da sua vida não era uma pessoa muito confiável, talvez você sinta um ciúme excessivo do seu atual parceiro, embora ele não lhe dê motivo para isso.

Depois que tiver reconhecido o seu sentimento, o passo seguinte é escolher o modo como vai reagir a ele. Talvez você queira fazer um relaxamento para ficar mais calmo. Assim, qualquer coisa que você faça será motivada por todo o seu ser, e não apenas pela emoção. Quando sentir tristeza, por exemplo, pode ser bom chorar um pouco, conversar com um amigo ou simplesmente ficar um pouco sozinho.

Por fim, você precisa superar o hábito destrutivo de deixar que as emoções oprimam e confundam você. Ao longo do processo, lembre-se de que saber lidar com as emoções é algo que só pode enriquecer a sua experiência de vida. Sentir alguma coisa é muito melhor do que não sentir nada.

Tristeza, decepção e melancolia

Quando se sente tomado pela emoção, a única coisa que você talvez queira é uma barra de chocolate, mas isso não é proativo — é reativo. Às vezes, um pouco de conforto e de compreensão é tudo o que precisamos, mas, quando as suas emoções falam com você, a resposta que procuram não é o chocolate. Em vez de se sentir mal por estar zangado, assustado, enciumado, melancólico ou cheio de culpa, experimente pôr em prática as sugestões a seguir para tomar uma atitude positiva.

- Identifique a causa da emoção, se puder.
- Extravase o que está sentindo. Chore mesmo!
- Console a si mesmo e aceite o conforto e o apoio das outras pessoas.
- Olhe tudo em perspectiva e procure o lado positivo da experiência.
- Se possível, encontre um modo construtivo de usar essa experiência dolorosa para beneficiar a si mesmo ou outras pessoas.
- Se possível, perdoe o responsável por ter deixado você assim, mesmo que essa pessoa seja você mesmo, e não guarde mágoas.
- Se a tristeza ficar grande demais, procure a ajuda de um profissional.

Culpa

Se você deixar que a culpa impere na sua vida, ela impedirá você de ser quem é e de fazer o que quer, e a sua vida se resumirá a cumprir obrigações. Nós comentaremos sobre o grande papel da culpa na sua vida quando passarmos para o Princípio Três, mas por ora reflita sobre o seguinte:

- Reflita sobre os seus próprios valores, não sobre os valores dos outros.
- Deixe o passado para trás.
- Não perca o senso de perspectiva.
- Lembre-se de que a culpa e a preocupação não vão mudar nada.
- Aprenda com os seus erros e não volte a cometê-los.
- Se magoar alguém, tente corrigir a situação.

Vergonha

Se você sente vergonha, é praticamente impossível ficar em paz consigo mesmo ou com a sua vida. Eis a seguir algumas sugestões para superar a vergonha:
- Identifique as feridas emocionais do passado.
- Pare de se colocar para baixo.
- Concentre-se nos seus pontos fortes, não nas suas fraquezas.
- Seja bom para si mesmo.
- Aceite o apoio de pessoas que respeitam e valorizam você e aceitem o jeito como você é.
- Seja você mesmo e pare de fazer tipo para atender às expectativas dos outros.
- Pense sobre quem você é realmente.

Raiva

Às vezes é importante sentir raiva, mas, quando ela fica incontrolável, pode acabar fazendo mal. Eis algumas dicas para lidar com a raiva:
- Procure resolver os pequenos contratempos para que a tensão não se acumule.
- Reflita sobre quando vale a pena ficar com raiva e quando não vale.
- Entenda o que dispara a sua raiva e arme um plano para que isso não aconteça.
- Aumente a sua auto-estima para não ficar vulnerável aos ataques de raiva.
- Pratique técnicas de controle do *stress*. (Trataremos disso posteriormente.)
- Procure canalizar a raiva praticando esportes ou se dedicando a um novo passatempo.
- Não perca o contato com os amigos e colegas de trabalho.

- Se perder a calma, procure descobrir o que provocou a raiva e como agir de modo diferente da próxima vez.

Medo

O medo é uma das emoções que mais restringem você. Ela não deixa que você faça o que quer da sua vida. Quando o medo começar a tomar conta de você:
- Respire fundo bem devagar
- Converse com você mesmo de modo positivo e encorajador.
- Trabalhe esse medo um pouco de cada vez.
- Ensaie antes de enfrentar situações estressantes para se preparar mentalmente.
- Imagine-se calmo e conserve essa imagem na sua tela mental.

Ciúme

A expectativa de que o outro se comporte de determinado modo pode acabar prejudicando o relacionamento. Se você perceber que está com ciúme, as sugestões a seguir podem ajudá-lo:
- Procure aproveitar o seu relacionamento, em vez de analisá-lo constantemente.
- Se sofrer uma rejeição, deixe que o tempo cure as suas feridas e não se culpe.
- Procure ter uma vida pessoal intensa e satisfatória para melhorar a sua auto-estima.
- Nunca deixe de fazer novas amizades.
- Aprenda a valorizar a importância da privacidade e dos momentos de solidão.

Inveja

Querer coisas que você não pode ter é algo que acaba com a sua auto-estima. Da próxima vez que sentir inveja:
- Pense nas ocasiões em que você teve muita sorte e a vida sorriu para você.
- Pense na inveja como uma informação sobre o que você realmente quer para si mesmo. Faça disso uma de suas metas.
- Se as suas metas são realistas, veja se elas merecem a atenção que você dá a elas. Você realmente quer atingi-las? Se quer, substitua a inveja por metas realistas.
- Se as suas metas são inatingíveis, substitua-as por outras mais realistas.
- Tenha sempre em vista os seus valores e as metas que quer atingir.

Apatia

Se você não tem vontade de se esforçar por mais nada, pode usar as sugestões a seguir para recuperar a força de vontade:
- Mantenha a mente e o corpo sempre ativos.
- Visite lugares onde nunca esteve, conheça pessoas novas e faça coisas que nunca fez antes.
- Não aceite tudo o que os outros lhe dizem como uma verdade absoluta.
- Procure dormir bem e ter uma alimentação saudável.
- Procure fazer algum trabalho voluntário.
- Inscreva-se num curso sobre algo que você nunca estudou.
- Se você chegou ao ponto de não sentir mais nada, talvez esteja com depressão. A depressão é uma doença que pode melhorar com tratamento. Procure um médico o mais rápido possível.

Amar demais

Tente não confundir amor com necessidade. Evite depender demais de outra pessoa ou de um grupo de pessoas.

- Valorize a importância da privacidade e da solidão.
- Seja uma boa companhia para si mesmo.
- Tenha mais de um relacionamento importante.
- Não deixe os amigos de lado quando começar um novo relacionamento romântico.
- Fique atento se alguém quiser mudar você ou outra pessoa.
- Seja firme e seguro em seus relacionamentos.
- Nunca se esqueça do que você quer do relacionamento.
- Não coloque ninguém num pedestal
- Responda em vez de reagir.

Da próxima vez que você se pegar reagindo a uma emoção em vez de ter uma atitude proativa, dê um passo para trás e observe-se. Lembra-se da técnica do Princípio 1, sobre dar um passo para fora de si mesmo?

Agora avalie as alternativas que você tem e lembre-se do seu poder de escolha. Digamos que alguém tenha lhe dado uma cortada no trânsito. Você pode reagir ficando com raiva ou estressado, acelerando e tentando revidar a cortada ou observar a situação com calma, levando em conta a sua segurança e a dos outros motoristas e recusando-se a ser intimidado. Se alguém não aceitar o seu convite para jantar, você pode devorar uma caixa de bombons e se sentir péssimo ou pode aceitar calmamente o fato de que dessa vez você não conseguiu o que queria, mas, da próxima que convidar alguém para jantar, pode surgir uma química entre você e a outra pessoa.

Todos os dias da nossa vida, temos chance de reagir ou de responder. Quanto mais aprendemos a dar um passo para trás antes de responder, mais calmos e fortes ficamos.

No entanto, se continuarmos a reagir e a deixar que os sentimentos nos controlem, mais fracos e estressados nos tornaremos.

Nunca subestime o poder da escolha individual. As escolhas que você faz têm a chave da sua felicidade e do seu sucesso. Você é alguém que reage ou alguém que responde? Na vida, você está no banco do motorista ou no banco do passageiro? Você come chocolate porque merece um agrado ou porque está chateado ou ansioso? A escolha é sua.

O que você quer?

O Princípio 2 incentiva você a mudar de vida — a fazer as suas escolhas com paixão e proatividade. Mas como você pode fazer as escolhas certas se não sabe o que quer ou que rumo vai dar à sua vida? Para viver a vida com paixão e comprometimento, você tem de saber o que quer.

Você consegue fechar os olhos e imaginar onde quer estar daqui dez ou quinze anos? Se tudo o que você consegue ver é um imenso borrão, é hora de começar a pensar no rumo que está dando à sua vida.

Talvez você não queira pensar no futuro. Você gosta de viver no presente e seguir o fluxo? Viver no presente é muito bom; precisamos gostar dele porque é tudo o que temos. Mas contentar-se em seguir o fluxo pode ser um problema. Você nunca sabe aonde ele vai levá-lo — geralmente é ladeira abaixo. Você pode acabar descobrindo que está fazendo o que os outros querem ou o que todo mundo está fazendo, e isso pode não ser bom para você. Não pense que o rebanho sabe para onde ir; ele geralmente não sabe.

Em geral, a maioria de nós quer ser feliz, mas sabemos o que isso significa? Se um desejo nos fosse concedido, saberíamos o que pedir? As pessoas felizes geralmente sabem o que querem e sentem que a cada dia estão mais perto de concretizar os seus sonhos. É isso que as deixa felizes. Elas sabem que estão trilhando um caminho que as levará ao que elas anseiam. Se você não sabe o que quer — se não sabe pelo que está se empenhando ou aonde está indo — como acha que vai chegar lá? Como vai saber quais as melhores escolhas a fazer?

Se eu pedir que você me diga qual é o seu chocolate favorito, aposto que você não vai hesitar. Você saberá a resposta. Quando vai às compras, você perambula pelo *shopping* até encontrar o que procura, não é? Então por que não tem uma idéia clara do que você quer na vida? Assim você evitaria muitas decepções.

Qual é o seu chocolate favorito?

Será que o chocolate de que você gosta pode revelar um pouco sobre você e sobre o que você quer da vida? Talvez.

Você adora chocolate branco? Ou prefere o sabor acentuado do chocolate amargo? Quem sabe goste mais da textura sedosa do chocolate ao leite?

Chocolate branco: O chocolate branco pode conter uma boa dose de manteiga de cacau, mas não é chocolate de verdade. Ele agrada por ser doce, pois tem por volta de 50% de açúcar em sua fórmula. Embora muitos amantes de chocolate gostem de chocolate branco, os chocólatras puristas provavelmente o evitam.

Saber o que querem da vida pode ser um problema para os amantes de chocolate branco. Você pode fazer muitas coisas, mas por qual delas optar? Por estar sempre pesando os prós e os contras de tudo, você consegue ver todos os lados de uma questão, mas, quando finalmente decidir o que quer, nada conseguirá detê-lo.

Chocolate ao leite: O chocolate ao leite, assim como o branco, pode não ser a opção dos chocólatras puristas, pois o chocolate ao leite mais barato só contém 20% de manteiga de cacau em sua fórmula e o mais caro, por volta de 40%. (O chocolate de verdade deveria ter pelo menos 60%.) Apesar disso, esse chocolate é o preferido de milhões de pessoas pelo mundo afora.

Se você está entre esses milhões de pessoas, saiba que existe uma parte de você que, assim como Peter Pan, nunca quer crescer e deixar a infância para trás. Você adora ser simples, doce, feliz e objetivo. O seu jeito de criança dá à sua vida a possibilidade de grandeza. O único perigo é a falta de disposição para assumir a responsabilidade pelos seus atos.

Chocolate amargo: Também conhecido como chocolate puro ou preto, o chocolate amargo tem uma grande porcentagem de manteiga de cacau — por volta de 70% — e muito pouco açúcar. Ele pode conter extrato de baunilha e não conter aromatizantes artificiais. Sim, você acertou — ele é o preferido dos chocólatras puristas.

Se o chocolate amargo também é o seu favorito, você é alguém otimista, que pensa no futuro e tem uma mente fértil e ativa, sempre em busca de respostas. Só tome cuidado para que a sua empolgação para conhecer o futuro não o impeça de se interessar pelo presente. Você geralmente é um especia-

> lista no seu campo de trabalho e sabe muito bem o que quer da vida. Embora o seu foco seja digno de elogios, ele também pode significar que você tem a tendência de ser inflexível em suas relações pessoais.
>
> **Qualquer tipo de chocolate:** Você é uma pessoa flexível que se orgulha da capacidade que tem de se adaptar a tudo. Você não é do tipo que fica parado; está sempre avançando, sem nunca olhar para trás. Se, em meio a essa mudança constante, você conseguir manter o seu senso de identidade, conseguirá deixar a sua marca neste mundo.

Você provavelmente tem uma boa idéia do que não quer, mas será que sabe o que quer? Para ser feliz, você precisa ter uma boa idéia de qual seria a sua vida ideal. Você tem as rédeas da sua vida e por isso é importante que decida aonde quer ir e como chegar lá. Isso não significa que precise definir todos os detalhes da sua vida, como saber onde vai morar ou para quem vai trabalhar; significa decidir que rumo quer dar à sua vida e tomar providências para que todo passo que você dê o ajude a se aproximar um pouco mais do seu destino.

Pense no que o deixa feliz. Você acha que o dinheiro é a solução dos seus problemas? A prosperidade não depende de quanto dinheiro que você tem, mas de quanto acha a sua vida rica. Segundo algumas pesquisas, o que as pessoas mais prezam no trabalho ou no papel que escolheram na vida não é o dinheiro nem a condição social, mas o respeito por si mesmo. O dinheiro pode tornar a vida mais fácil, mas ele não é o fator que determina a sua felicidade. Pergunte a qualquer jovem apaixonado, a uma mulher que acabou de ser mãe ou a um atleta olímpico.

Você ainda não se convenceu? Eis aqui algumas perguntas que você talvez queira fazer a si mesmo. Elas não lhe darão uma resposta da noite para o dia, mas podem ajudá-lo a pensar sobre o que mais inspira você.

- Imagine que você tenha falecido e um repórter seja encarregado de contar a história da sua vida. O que ele diria?
- Se você pudesse passar uma hora com alguém — que esteja vivo ou morto, que seja famoso ou anônimo —, quem seria essa pessoa e por que ela foi a escolhida? O que essa pessoa tem de tão interessante?
- Se você ganhasse na loteria e pudesse passar o resto do ano fazendo algo que sempre quis, o que você faria?
- Imagine que você tenha falecido e uma emissora de TV queira fazer uma entrevista com os seus amigos e familiares para falar sobre você. O que eles diriam?
- Existe alguma coisa que represente você ou que tenha com você uma afinidade especial, como um animal, uma pedra preciosa ou uma pintura? Por que isso representa você?
- Se alguém compusesse uma música sobre você, como ela se chamaria?
- Se escrevessem um livro sobre a sua vida, qual seria o título?
- Aponte três talentos que você tem. Você é um bom ouvinte? Tem facilidade com números? É bom observador? Tem jeito para trabalhos manuais? É bom nos esportes? Sabe compartilhar? É uma pessoa organizada? Tem boa memória?
- Qual dos seus amigos você mais admira e por quê?
- Quem você mais inveja e por quê?
- Lembre-se dos dez primeiros anos da sua vida. Do que você mais gostava naquela época?
- Digamos que você tenha de fazer dois cursos por semana à noite sobre assuntos dos quais você sabe muito pouco. Que cursos seriam esses?
- Se você pudesse voltar no tempo e ter uma conversa com você mesmo aos quinze anos de idade, o que você diria?

A reflexão sobre perguntas como essas pode ajudá-lo a fazer uma retrospectiva da sua vida e descobrir se existe alguma ligação entre as coisas de que você gosta ou que intrigam você. O que lhe provoca mais entusiasmo? O que faz o seu coração bater mais forte? Você saberá que algo lhe interessa muito porque não conseguirá parar de pensar nisso.

Quando você finalmente identificar algo que quer, será mais fácil ter certeza de que está seguindo na direção certa. Procure não cometer o erro de se prender a um acontecimento, uma pessoa ou uma atividade, quando o que você realmente procura é o sentimento que esse acontecimento, pessoa ou atividade desperta em você. Por exemplo, digamos que você queira viajar pelo mundo. A verdade é que você provavelmente quer despertar em você os sentimentos que uma viagem como essa provocaria — a liberdade, o espírito de aventura e a empolgação pela viagem. Se você for esperto o suficiente para perceber que o que você quer são os sentimentos relacionados à viagem, então saberá que existem muitas maneiras de despertá-los. Você pode organizar regularmente viagens internacionais, mas também pode fazer outras coisas que provoquem a mesma sensação de liberdade e entusiasmo, como fazer trabalhos *free-lancers*, fazer um curso ou voar de asa-delta.

Se você não conseguir alcançar o seu objetivo ou se ele for inalcançável, não precisa, por causa disso, se sentir um fracassado. Tudo bem, talvez você não consiga ser um neurocirurgião, mas por que não tenta ser paramédico ou um clínico geral? Você sentirá a mesma satisfação e prestará uma grande ajuda às outras pessoas. Se não conseguir da primeira vez, não pare de tentar encontrar outras maneiras de ter sucesso. É você quem cria as suas experiências, lembra-se?

Aproveite o seu dia

Tenha muita vontade de viver e você saberá que rumo dar à sua vida. Não há nada errado em querer que a sua vida seja especial, em se empenhar para realizar os seus sonhos, em pedir ajuda para realizá-los e fazer tudo o que está ao seu alcance para que isso aconteça. E quando conseguir o que quer, pelo amor de Deus, tenha coragem de aceitar! O Princípio 1 deu a você força e determinação para acreditar que você merece ser feliz. Agora é hora de ser proativo — dar um passo à frente e dizer, "Sim, eu mereço ser feliz, eu quero ser feliz, vou me empenhar para isso e vou conseguir!" Tenha tanta vontade de ser feliz quanto tem de comer chocolate.

A vida é curta; então, por que não torná-la extraordinária? Você não tem de mudar o mundo para ter uma vida extraordinária. O que diferencia uma pessoa extraordinária de uma pessoa comum é a paixão. As pessoas extraordinárias aproveitam ao máximo o seu dia e, sejam quais forem as suas tarefas cotidianas, elas procuram executá-las da melhor maneira possível e com sentido de propósito. A maioria de nós não consegue fazer coisas tão grandiosas quanto acabar com a fome do mundo ou garantir direito civil a todos, mas podemos fazer pequenas coisas com paixão e, assim, fazer uma valiosa contribuição para enriquecer a tapeçaria da vida.

Princípio 3

O chocolate causa bem-estar

SOBRE O CHOCOLATE: A culpa geralmente anda de mãos dadas com essa deliciosa guloseima. Porém, estudos recentes indicam que, ao contrário do que se pensa, chocolate não faz mal. Apreciado com moderação, o chocolate pode proteger o seu coração, elevar o seu ânimo e até prolongar a sua vida.

SOBRE A VIDA: Pare de se sentir culpado. Substitua o "deveria" pelo "poderia".

O chocolate tem fama de ser um prazer pecaminoso e iníquo ao qual dificilmente nos entregamos sem sentir culpa. Bem, a guloseima de que as pessoas mais gostam neste mundo é condenada por todos. Agora as pesquisas comprovam o que os chocólatras já sabiam há muito tempo. O chocolate não causa todos os problemas de que ele é acusado, como acne, obesidade e até dependência. Na verdade, se apreciado com sensibilidade, o chocolate traz até benefícios à saúde. Sim, você pode comer chocolate sem se sentir culpado. Por que não tenta se livrar da culpa na sua vida diária também?

A libertação da culpa

Com o Princípio 1, você aprendeu sobre a importância de cultivar a auto-estima. A culpa pode acabar com o amor-próprio. Com o Princípio 2, você aprendeu sobre a importância de viver a vida com paixão. A culpa pode acabar com essa paixão e com a sua vontade de viver. E a culpa e o chocolate não estão estreitamente associados?

Existem muitos mal-entendidos negativos relacionados ao chocolate, e esses mal-entendidos se traduzem em culpa. Muitas das crenças que temos hoje sobre o chocolate baseiam-se em mitos populares, não em fatos. Temos de parar de viver tão atormentados. O chocolate é uma parte fundamental da nossa vida, então por que não aproveitá-lo? É por isso que o Princípio 3 incentiva você a deixar de lado a culpa — e não só quando ela é provocada pelo chocolate, mas em todos os aspectos da sua vida. A culpa tira o seu poder. Ela impede você de avançar, de assumir riscos, de se divertir e de se tornar a pessoa cheia de paixão e entusiasmo que você quer ser.

Você se sente culpado quando diz "Não"?
Você acha que não é tão bom quanto deveria?
Você faz as coisas porque acha que tem obrigação de fazê-las ou porque quer fazê-las?
Você acha difícil se libertar da culpa e se divertir?

Se você respondeu "sim" a alguma dessas perguntas, isso é sinal de que o sentimento de culpa o está impedindo de aproveitar a vida plenamente. A culpa acaba com o respeito que você tem por si mesmo. Muitos de nós somos tão perseguidos pela culpa que ficamos correndo de um lado para o outro, tentando ajudar todo mundo, enquanto a nossa auto-estima sofre cada vez mais.

As pessoas são ágeis em perceber a culpa; elas logo começam a exigir mais de você quando percebem que se sente culpado. Se você já percebeu isso, é importante que pare e procure refletir sobre a maneira como está conduzindo a sua vida. A menos que você faça alguma coisa para acabar com a culpa, ela destruirá as suas chances de ser feliz. Nesse caso, não existem meias medidas. Se você quer ter uma vida plena e feliz, não haverá espaço para a culpa. É por isso que o Princípio 3 é totalmente dedicado à libertação da culpa.

Imagine que a sua culpa é um balão

Imagine os seus sentimentos de culpa voando para longe como um balão ao vento. Deixe que ele suma no horizonte e não pense mais nisso. Diga a si mesmo que você está fazendo o melhor que pode e lembre-se de que toda vez que se sente culpado as suas chances de ser feliz diminuem. Continue tentando se libertar da culpa e, quanto mais tentar, mais feliz a sua vida vai ser.

Um bocadinho do que você mais adora

Muitas nutricionistas acham que o efeito das substâncias químicas do chocolate que melhoram o humor é relativamente pequeno; o que o faz ser tão apreciado são as associações que fazemos com ele — o bem-estar, o conforto e o prazer. Mas, assim como salientou uma recente pesquisa realizada pela MIND, embora o chocolate nos cause bem-estar a princípio, para alguns ele logo desperta culpa. É por isso que consideramos o chocolate tão nocivo e achamos que temos de apreciá-lo com moderação ou, o que é pior, evitá-lo totalmente. Isso, no entanto, só serve para aumentar o nosso desejo de comê-lo e nos dar a certeza de que somos mesmo viciados em chocolate.

Por que não evitar a culpa lembrando-se de que o chocolate também traz muitos benefícios e saboreando-o em pequenas quantidade, como parte de uma alimentação balanceada?

Substitua o deveria pelo poderia

Faça uma longa reflexão sobre as coisas que você acha que deveria fazer. Por exemplo, cumprir as tarefas domésticas, perder peso, ser gentil com as pessoas, ler mais livros, realizar mais atividades, etc. Agora pense em tudo isso outra vez e pergunte-se por que tem de fazer todas as essas coisas. Você pode ficar surpreso com as respostas. Por exemplo, você acha que tem de cumprir as tarefas domésticas todos os dias porque a sua mãe fazia o mesmo, ou acha que tem de ser gentil com as pessoas porque tem medo de que elas não gostem mais de você? Mas acontece que você não é a sua mãe e, se é gentil com as pessoas só para que elas gostem de você, isso significa que baseia a sua vida social em alicerces muito pouco firmes. As suas respostas sobre os motivos que o levam a fazer as coisas revelam como você se restringe por causa de algumas crenças. Questione essas crenças.

A palavra *deveria* pressupõe culpa e relutância. Você acha mesmo que precisa carregar esse fardo? De agora em diante, sempre que pensar que *deveria* fazer alguma coisa, perceba que está nutrindo uma idéia equivocada sem necessidade. Substitua o *deveria* pelo *poderia* e comece cada sentença da seguinte forma: "Se eu realmente quisesse..." Se fizer isso, você pode descobrir que, na verdade, há coisas que gostaria de fazer de outra maneira. Por exemplo, se você realmente quisesse, poderia limpar a casa todo dia, mas quer mesmo passar o dia fazendo faxina? Não seja uma vítima do "deveria", atormentada pela culpa. Dê a si mesmo a chance do "poderia" e faça uma mudança positiva na sua vida.

Pare de tentar ser perfeito

A idéia de perfeição muitas vezes atrapalha a felicidade. Se alguma coisa é perfeita, isso significa que é irrepreensível, irretocável. Falamos de um quadrado perfeito ou de um ângulo reto perfeito. Mas a coisa se complica quando imaginamos que podemos transferir essa exatidão para a nossa vida, para as outras pessoas e para a natureza humana. Isso não é possível. Na vida, não existe uma medida exata do que é certo. Nós não somos ciência ou estatística.

Em termos humanos, a perfeição tem a ver com ser imperfeito, quer dizer, ser o melhor que podemos, não o melhor que poderíamos ser se fôssemos máquinas sem emoções. Pare e pergunte a si mesmo de onde veio a sua noção de perfeição. A vida real não é como os filmes ou os contos de fadas da nossa infância — e isso é o que faz com que ela seja tão rica e maravilhosa. Se tudo fosse perfeito e nós nunca cometêssemos erros, como poderíamos aprender e crescer? Como poderíamos apreciar o bem se não conhecêssemos o mal?

Não há nada errado em ter ambição e expectativas altas, mas você precisa ser realista. Afinal de contas, você é humano e, portanto, a sua perfeição é imperfeita. Todo mundo comete erros. Carregamos um fardo inútil se pensamos que somos ruins só porque cometemos erros de vez em quando, assim como nos privamos de muito prazer se pensamos que o chocolate só faz mal. Leia o texto em destaque a seguir, que desmente todos esses mitos sobre o chocolate. Não há nada de errado em cometer erros, em ter fraquezas, em ser imprevisível, em interpretar mal os outros e em fazer todas essas coisas que faz de nós seres humanos. Tudo é uma questão de manter o equilíbrio, não deixando que nem essas coisas nem a busca pela perfeição roubem a nossa felicidade.

A verdade sobre o chocolate

Hoje somos condicionados a pensar que o chocolate pode causar problemas como acne, obesidade e doenças cardíacas, mas há quinhentos anos as pessoas acreditavam que o chocolate tinha propriedades medicinais. Ele era usado para revigorar as forças, elevar o ânimo, estimular o sistema nervoso e melhorar a indigestão. Atualmente, ele é mais visto como uma guloseima, não como um alimento que faz bem à saúde. Pesquisas recentes, porém, realizadas na University of California, parecem indicar que, se apreciado com moderação, o chocolate pode fazer bem à saúde. A seguir, vamos investigar os mitos e as verdades sobre o chocolate.

Mito: O chocolate aumenta os níveis de colesterol.
Fato: A gordura saturada contida nos alimentos é uma das principais causas do co-

lesterol alto. De acordo com a British Heart Foundation, cem gramas de chocolate contém 500 calorias e 30% de gordura — 18% saturada. A gordura saturada primária do chocolate é composta de ácido esteárico, que não afeta os níveis de colesterol do sangue.

Mito: O chocolate não contém vitaminas nem sais minerais.
Fato: O chocolate é rico em magnésio — importante principalmente para as mulheres —, potássio, manganês, vitamina A, fósforo e cálcio, além de conter ferro, zinco e cobre.

Desejo incontrolável por chocolate (só das mulheres): Se você morre de vontade de comer chocolate antes do período menstrual, pode estar faltando magnésio no seu organismo. Na semana que antecede a menstruação, o nível de magnésio do sangue cai, causando um desequilíbrio químico e oscilações no humor. Já foi comprovado que o aumento do consumo de magnésio antes da menstruação pode ajudar a sanar esse problema. Só não deixe de se certificar de que o chocolate é de boa qualidade, pois é o que contém mais magnésio.

Mito: O chocolate provoca enxaqueca.
Fato: O queijo pode causar enxaqueca, pois ele contém uma grande quantidade de tiramina. O chocolate, no entanto, contém uma quantidade pequena de tiramina e, portanto, não pode ser acusado de provocar enxaqueca.

Mito: O chocolate prejudica os dentes.
Fato: O chocolate contém carboidratos fermentáveis, que estão presentes na maio-

ria dos amidos e açúcares e de fato pode prejudicar os dentes. O chocolate ao leite, no entanto, tem um alto teor de proteína, cálcio, fosfato e outros minerais que podem proteger o esmalte dos dentes. O cacau e o chocolate, embora contenham açúcar, são capazes de diminuir a capacidade do açúcar de produzir os ácidos nocivos ao esmalte dos dentes.

Mito: O chocolate deixa as crianças hiperativas.
Fato: Pesquisas realizadas pela U.S. Food and Drug Administration, revelaram que o chocolate consumido com moderação não causa hiperatividade nem nas crianças nem nos adultos.

Mito: O chocolate tem um alto teor de cafeína.
Fato: Acredita-se que a cafeína estimule artificialmente o organismo e possa aumentar temporariamente os níveis de adrenalina. As pessoas geralmente recorrem a uma xícara de café ou a uma barra de chocolate, mas parece que o chocolate é mais benéfico do que uma xícara de café. A quantidade de cafeína contida num pedaço de chocolate é consideravelmente menor do que no café, no chá ou nos refrigerantes do tipo cola. Por exemplo, uma xícara de café instantâneo tem de dez a quarenta miligramas de cafeína, enquanto uma barra de chocolate de trinta gramas tem apenas seis miligramas.

Mito: O chocolate provoca acne.
Fato: Estudos realizados na Pennsylvania School of Medicine revelaram que a acne não está relacionada ao consumo de chocolate. Os pesquisadores descobriram que a acne é causada pelas oscilações hormonais.

> **Mito**: O chocolate vicia.
>
> **Fato**: Dizem os especialistas que temos uma vontade incontrolável de comer chocolate não por causa de suas propriedades químicas, mas porque ele é extremamente sensual. Estudos mostram que as pessoas adoram chocolate por causa do intenso prazer que sentem ao comê-lo, e não porque ele vicie.

Não há nada de errado em dizer "Não"

Com que freqüência você concorda em fazer alguma coisa mesmo sem vontade de fazê-la? Você se sente culpado ao dizer "Não"? Se você costuma dizer "Sim" quando quer dizer "Não", você está negando as suas necessidades e convidando a outra pessoa a fazê-lo de vítima. Mas por que é tão difícil dizer "Não"?

Dizer "Não" é um problema para a maioria das pessoas, pois essa palavra está associada a um comportamento descrito como imprevidente, desatencioso ou mesquinho. Quando diz "Não", você corre o risco de fazer com que a outra pessoa se sinta rejeitada e não goste mais de você; e se outra pessoa não gosta de você, você começa a achar que não tem valor.

Se você acha difícil dizer "Não", isso significa que a sua maior preocupação é saber o que as pessoas pensam de você. E você se dispõe a fazer qualquer coisa para que elas gostem de você. Por que esse sentimento de desmerecimento? Ele surgiu por causa das crenças negativas que você tem a seu respeito. É hora de deixar de lado essas crenças e parar de agir como vítima.

Pense nisto: se você diz "Não", isso significa simplesmente que você não quer fazer o que lhe pediram; não significa que você esteja rejeitando a outra pessoa. Do mesmo modo, se alguém diz "Não" a você, isso não significa que essa pessoa o esteja rejeitando.

Sempre que você sentir medo de dizer "Não", pense no que de fato o levou a dizer isso. Lembre-se, você não está rejeitando a outra pessoa. Dizer "Não" não é nenhum insulto. A maior vantagem de aprender a dizer "Não" é o fato de que, quanto mais você diz, mais fácil isso fica. Tente dizer "Não" de um jeito que não ofenda as pessoas. Dê uma explicação, expresse os seus sentimentos e ofereça uma alternativa — mas, se a outra pessoa se sentir rejeitada, lembre-se de que não é culpa sua. Mantenha-se firme. Se você se sentir pesaroso ou culpado, lembre-se da sua intenção. Não se desculpe por dizer "Não" nem espere que a outra pessoa o aceite. Lembre-se, você não a está rejeitando. Você só está dizendo "Não".

O chocolate pode melhorar o seu humor

O chocolate contém substâncias químicas, entre elas o triptófano, a tirosina e a fenilanina, que supostamente provocam, no cérebro, a liberação de endorfinas, o hormônio natural do bem-estar. Isso causa um sentimento de prazer parecido com o que temos quando nos apaixonamos. O chocolate também tem uma pequena dose de cafeína, um estimulante que pode reduzir a sensação de fadiga e nos deixar mais alerta. Os pesquisadores também descobriram que o bem-estar físico e emocional, mesmo em pequenas doses, pode fortalecer o sistema imunológico durante horas. Eles acreditam que os pequenos prazeres da vida, acumulados, acabam por fortalecer esse sistema.

Não há nada de errado em dizer "Sim"

Não há nada de errado em dizer "Sim" para coisas que, aos olhos das outras pessoas, parecem tolas, excessivas ou egoístas. Se a sua lista de afazeres ficar tão longa a ponto de você se sentir sobrecarregado, não há problema em fazer uma caminhada, trancar-se no quarto para chorar um pouco, mergulhar numa banheira de água quente ou se deliciar com um sorvete de chocolate — para desanuviar os pensamentos. E se você sentir que precisa de um agrado, não há nada de errado em dar uma passadinha no *shopping*, viajar num fim de semana, passar uma tarde numa livraria ou fazer um bolo de chocolate. A vida não vale a pena se não tivermos momentos de prazer. Não deixe que a culpa o impeça de se divertir ou de dar uma volta de vez em quando. Você merece.

Os momentos de lazer são um dos principais fatores de uma vida gratificante — os outros quatro são a saúde, a auto-estima, a sensação de controle sobre a própria vida e o sentimento de ser valorizado pelos outros. Estudos demonstram que as pessoas com tempo para se divertir têm mais chance de ser felizes no dia-a-dia.

De acordo com a ARISE (Associates for Research into the Science of Enjoyment) — uma organização que procura conscientizar as pessoas dos benefícios do prazer e da importância que ele tem para cultivarmos uma postura equilibrada e harmoniosa diante da vida —, o prazer desempenha um papel importante no dia-a-dia, mas ele é pouco valorizado ou explorado na ciência e na sociedade. O prazer é importante em dois aspectos. Primeiro, ele serve para promover a saúde física e mental e também para proteger contra doenças. Segundo, ele pode ajudar a diminuir o *stress* causado por experiências desagradáveis recentes. Pesquisas mostram que o prazer leva a uma redução dos hormônios do *stress*, como o cortisol, e fortalece a resposta imunológica, aumentando assim a resistência a infecções e doenças.

Reserve algum tempo desta semana para encontrar maneiras de ter prazer. Não se limite a uma só fonte, como o chocolate; existem muitas outras maneiras de se ter momentos de prazer. Talvez você tenha um *hobby*, um esporte que goste de praticar ou um passatempo que lhe proporcione horas de puro prazer. Se não souber do que você gosta, você pode dar uma de detetive e descobrir. Pode experimentar fazer um curso à noite, fazer trabalho voluntário, perguntar a outras pessoas do que elas gostam ou planejar passar uma tarde ou uma noite fazendo algo que nunca fez antes, só porque isso parece interessante — como escalar uma montanha, ir a uma balada ou ir ao massagista. Ao fazer isso, talvez você descubra algumas ligações entre o que lhe dá prazer e o que aumenta a sua energia. Pense nos sonhos que você deixou de lado porque outras coisas desviaram a sua atenção. Você está disposto a retomá-los?

Não se preocupe se perceber que os seus interesses mudaram à medida que você ficou mais velho. Às vezes, perdemos o interesse por algo e precisamos descobrir outras coisas que nos entusiasmem. O mais importante não é o que você está fazendo, mas com que disposição você se dedica ao que está fazendo. Você tem tempo para se divertir?

> O chocolate é um alimento perfeito. Saudável e ao mesmo tempo delicioso, ele revigora as nossas forças; precisa, no entanto, ter boa qualidade e ser preparado com cuidado. Extremamente nutritivo e de fácil digestão, ele revitaliza, previne as doenças e aumenta a longevidade. Faz bem às pessoas de temperamento frio e reservado, aos convalescentes, às mães que estão amamentando, àqueles cuja profissão causa extrema tensão mental, exige que se fale em público ou permite poucas horas de sono. Ele acalma tanto o estômago quanto o cérebro e, por essa razão, assim como pelas outras, é o melhor amigo daqueles que se dedicam às artes literárias.
> — Barão von Liebig, alquimista e educador alemão (1803-1873)

Doces notícias para as mamães

As mulheres grávidas podem comer ovos de Páscoa à vontade, pois o chocolate faz bem ao bebê. Cientistas descobriram que as mulheres que comem muito chocolate durante a gravidez têm bebês mais felizes e ativos. Seus filhos são menos estressados do que os das mulheres que evitaram chocolate. Um estudo da University of Helsinki, divulgado pela revista *New Scientist*, entrevistou mais de trezentas mulheres grávidas para medir os níveis de *stress* e o consumo de chocolate. Os bebês das mulheres que comem chocolate diariamente não são apenas mais ativos, mas também sorriem e riem com mais freqüência.

Portanto, é oficial — o prazer é essencial à vida e também à saúde e ao bem-estar. O chocolate é uma enorme fonte de prazer e, a menos que você se lembre de comê-lo com moderação, não há necessidade nenhuma de sentir culpa. Portanto, relaxe quando cometer excessos e deixe que os bons sentimentos inspirados pelo chocolate façam a sua mágica. Se você quiser um jeito fácil de ter prazer sem sentir culpa, experimente fazer as receitas do apêndice no final deste livro.

Perdoe-se

O perdão é um modo muito eficiente de sentir bem-estar. Perdoar os outros não significa lhes dar permissão para fazer coisas desagradáveis para nós. Perdoar é abrir mão da culpa, da raiva e de ressentimentos que podem deixá-lo deprimido. Perdoar não é fazer vista grossa, mas superar.

Mas quem achamos mais difícil perdoar? Nós mesmos, é claro. Nós somos os nossos críticos mais impiedosos. Algum dia já nos achamos bons o suficiente, inteligentes o suficiente, magros o suficiente? Quando deixamos de ter autoconfiança, nós nos tornamos o nosso pior inimigo e acabamos nos sentindo cada vez pior. Perdoar a si mesmo é uma das chaves do poder pessoal. Quando você pára de se sentir culpado por não ser perfeito ou bom o suficiente, e consegue se amar e se valorizar apesar dos contratempos, você fica livre para ser você mesmo e para realizar todo o seu potencial.

Então pare de se sentir culpado. Pare de torturar a si mesmo. Livre-se do hábito de se criticar, o que é pura perda de tempo. Não há problema em dizer "Sim". Não há problema em comer chocolate. Não há problema em se divertir. Perdoe-se — e liberte-se.

Coração saudável, vida longa

Foi comprovado que o chocolate, como parte de uma alimentação balanceada, pode ajudar a manter o coração saudável e a boa circulação. Na verdade, o chocolate está sendo encarado com tanta seriedade como um possível protetor do coração que foi alvo de debates no Congresso da Sociedade Européia de Cardiologia de 2001 e tema de artigos publicados no jornal de medicina britânico *Lancet*, sobre a proteção que ele pode oferecer contra doenças cardíacas.

Há indícios de que a propriedade que o chocolate tem de proteger o coração decorra de substâncias encontradas em alimentos sólidos provenientes do cacau e que atuam como antioxidantes. Os antioxidantes podem ajudar a evitar que o colesterol nocivo se deposite nas artérias, reduzindo assim o risco de doenças cardíacas. Mas isso não é tudo. Segundo Carl Keen, professor de nutrição e de medicina interna da University of California, o hábito de comer chocolate também contribui para diminuir o risco de coágulos sanguíneos. Isso porque os componentes do chocolate têm aparentemente um efeito semelhante à aspirina, que melhora a circulação e afina o sangue — quer notícia melhor para quem vive sob o risco de ter um ataque cardíaco, um derrame ou uma trombose?

    Tenha em mente também que o chocolate pode prolongar o seu tempo de vida. O médico de Katherine Hepburn sugeriu que o fato de ela comer chocolate amargo todos os dias pode ter contribuído para a sua longevidade ou sido até mesmo a sua causa principal. A artista Beatrice Wood, que morreu em 1998, atribuía os seus 105 anos de vida ao chocolate e aos homens mais jovens. Pesquisas realizadas pela School of Public Health revelaram que as pessoas acostumadas a consumir chocolate moderadamente têm uma vida mais longa do que as que o comem em grandes quantidades e, o que é mais interessante, mais longa também do que a daqueles que nunca apreciaram doces.

Princípio 4

Não precisa comer a caixa toda

SOBRE O CHOCOLATE: O chocolate pode fazer bem a você; mas, se comê-lo exageradamente, ele pode causar mais prejuízos do que benefícios. Assim como muitas coisas da vida, a moderação é a chave.

SOBRE A VIDA: Seja forte o suficiente para dizer "Sim" ao que é importante e para dizer "Não" ao que não é.

Sempre nos disseram que chocolate faz mal à saúde, por causa do açúcar e das calorias que ele tem, mas ele só faz mal quando você exagera. O segredo é saber quando parar.

Seja forte

As damas espanholas do Novo Mundo são tão viciadas em chocolate quente que, não satisfeitas em beber xícaras e xícaras dessa bebida ao longo do dia, elas também a servem na igreja.

— Anthelme Brillat-Salarin,
autor de livros de culinária (1755-1826)

Você está cansada. Teve um dia estressante. Fez o jantar e ajudou as crianças com a lição de casa. Além disso, você trouxe trabalho para casa, precisa levar o cachorro para passear e fazer as tarefas domésticas. Na geladeira, várias barras de chocolate. Você poderia pegar uma para ganhar um pouco de energia, mas o que você quer é devorar várias delas, embora saiba que isso não lhe fará bem. O que você faz?

O princípio 4 — saiba quando parar — pode ajudá-la. Ele se refere à força de vontade que você precisa ter para dizer "Sim" às coisas que lhe fazem bem e para dizer "Não" àquilo que atrasa a sua vida.

Saia da sua zona de conforto

Você acabou de colocar um delicioso pedacinho de chocolate na boca. Mmm...Ele começa a derreter e um calor aveludado provoca em você um indescritível prazer, enquan-

> ### Não cometa excessos sem pensar nas conseqüências
>
> O chocolate pode ter um poder antioxidante maior do que algumas frutas e verduras, mas é importante lembrar que ele contém níveis elevados de gorduras saturadas e de açúcar, que contribuem para aumentar as taxas de colesterol, para causar obesidade e para provocar doenças coronárias quando consumido em excesso. Não podemos simplesmente substituir por chocolate nossas cinco porções diárias ideais, compostas de frutas e verduras. Portanto, aprecie o chocolate com moderação e não deixe de ter uma alimentação saudável e balanceada, com muitas frutas e verduras, que contenham os nutrientes de que você precisa e sem muita gordura.

to o aroma penetrante e conhecido o envolve. Com relutância, você engole. E quer outro, não quer?

Seria mais fácil atacar outro pedaço. Você poderia comer chocolate a noite inteira. Mas pense em como você se sentiria mal depois do sexto, ou do décimo, pedaço. Saber quando parar significa se respeitar agora — e depois também.

Mas às vezes é preciso coragem para se respeitar. Não é nada fácil fazer coisas que nos fazem bem a longo prazo — como parar de comer ou beber quando você ainda não se sente satisfeito, levar adiante um programa de exercícios, fazer entrevistas de emprego ou travar novas amizades. Na verdade, todas essas coisas podem fazê-lo se sentir bem pouco à vontade. Sair da zona de conforto é algo que nos enche de tensão e incertezas; então para que, afinal, alguém iria querer fazer isso? Porque só assim você pode aproveitar as oportunidades que surgem na sua vida — e ser feliz.

Maneiras de garantir o seu chocolate de cada dia sem quebrar a balança ou morrer de culpa

1. Experimente uma sobremesa *light* à base de chocolate.
2. Prefira barras de chocolate com poucas calorias.
3. Tome achocolatados com menos calorias.
4. Sempre que possível, substitua o chocolate sólido pelo chocolate em pó ao fazer as suas receitas; assim, você consegue o mesmo sabor sem tanta gordura.
5. Experimente comer cereais com sabor de chocolate.
6. Experimente passar chocolate no pão; uma fina camada sobre uma torrada de pão integral é uma delícia.
7. Compre chocolate com formatos divertidos — assim você não vai ter de se conter para não comer uma barra inteira de tamanho normal.

Você pode estar se perguntando o que há de errado em permanecer na sua zona de conforto. Nada. Muitos de nós passam a vida inteira ali. Mas nós só sentimos um verdadeiro contentamento quando nos superamos, enfrentamos desafios, fazemos algo que não nos supúnhamos capazes de fazer. E para conseguir tudo isso, precisamos ser disciplinados.

O que nos leva a cometer excessos

O chocolate é considerado o alimento que mais transmite uma sensação de conforto. Muitos de nós recorrem a ele quando estão passando por uma crise de *stress*. Em vez de enfrentar as emoções difíceis e levar a vida adiante, nós corremos atrás de um bombom

---

Trinta gramas por dia

"As minhas pesquisas mostram que uma dieta contendo trinta gramas de chocolate por dia aumenta os níveis do colesterol bom e impede o colesterol ruim de oxidar, um processo que pode causar doenças cardíacas", afirma Penny Kris-Etherton, professora de nutrição da Penn State University, autora de um estudo cujos resultados mostram que as pessoas com uma dieta rica em chocolate em pó e em chocolate amargo têm níveis mais baixos de colesterol do que aquelas que não seguem a mesma dieta.

Isso não significa que você deva correr para o supermercado e encher o carrinho de chocolate. Você sabe muito bem que não se trata disso. Não há nenhum problema em comer chocolate em pequenas quantidades, caso você tenha uma alimentação saudável, sem muitas calorias. Prefira chocolate com nozes ou frutas, pois eles têm gorduras mais benéficas e até mais antioxidantes. Mas não pense que você pode usar o chocolate como substituto das frutas e verduras, que não contêm gorduras. Isso não é verdade. Trinta gramas de chocolate podem conter onze gramas de gordura, por isso você tem de abrir mão de tudo o mais para não engordar. Mas, se você comer trinta gramas de chocolate bem devagar e com atenção, isso bastará para saciar até o desejo mais irresistível e ajudará você a cumprir a sua promessa de manter uma alimentação saudável.

— ou de dois, três, dez! Por algum tempo, nós nos sentimos melhor, mas depois ficamos mais arrasados ainda. Além disso, passamos a ver o chocolate como nosso inimigo — o culpado pelo enjôo e pelos quilos a mais.

Faça um grande favor a si mesmo. Considere o chocolate um amigo — o seu afrodisíaco preferido, a mais suntuosa guloseima deste mundo — recusando-se a comê-lo em excesso. Saboreie um pedacinho como quem toma um tônico revitalizante. Sinta a sua sensualidade de dar água na boca quando estiver no maior clima com uma pessoa especial. Saboreie-o freqüentemente em pequenas quantidades. Desse jeito você nunca comerá demais e nunca precisará usar o chocolate como um substituto para o amor.

Portanto, a mensagem é: coma o seu chocolatinho de cada dia, mas evite os excessos. Um bombom, não a caixa inteira. Alguns biscoitos de chocolate, não o pacote todo. Sobremesas de chocolate, só uma ou duas vezes por semana; não todo dia. Dois ou três chocolates de uma seleção, não vinte. Saiba quando parar.

Quando um nunca é o bastante

Se você é do tipo de pessoa que nunca consegue comer um bombonzinho só ou se sempre se sente culpado depois de comer chocolate, isso talvez indique que você está desenvolvendo um relacionamento pouco saudável com a comida e é importante que recupere o controle. Veja a seguir algumas dicas bastante úteis. Você verá que o principal aqui é compreender a sua relação com o chocolate (ou com a comida em geral), de modo que possa torná-la mais equilibrada. Saiba, no entanto, que os conselhos apresentados se aplicam a qualquer área da vida em que você sinta que perdeu o controle — *fast food*, álcool, cigarros, sexo ou compras —, pois todos eles visam aumentar a sua auto-estima. Para que volte a ter uma atitude positiva com relação à comida, você precisa, entre outras coisas, separar a comida dos sentimentos negativos que tem com relação a si mesmo. Depois que fizer isso, você ficará livre para comer o que quiser e saberá quando parar sem se sentir privado.

PRIMEIRO PASSO: RELAXAMENTO

Se você se sente ansioso e louco para comer chocolate, saiba que o relaxamento é uma das técnicas mais eficazes para acabar com a ansiedade. O relaxamento reduz os sinais físicos de ansiedade, como o batimento cardíaco acelerado e a sudorese, além de proporcionar tranqüilidade mental e emocional. A ansiedade é um sistema de alarme natural que ajuda você a enfrentar situações estressantes, mas em excesso ela pode acabar afetando a sua saúde.

Existem muitas maneiras de relaxar e você precisa encontrar a que funciona melhor para você. Uma maneira agradável e fácil de relaxar é sentar-se num lugar tranqüilo, sem ser incomodado; respirar fundo algumas vezes e alongar e relaxar todos os músculos, começando com os dedos dos pés e passando pelos ombros, pelo rosto e pelos maxilares. Você também pode experimentar uma técnica que pode ser praticada a qualquer hora do dia e em qualquer lugar: procure mentalmente por pontos de tensão ao longo do corpo, exagerando essa tensão e depois relaxando. Se preferir, pode dar uma longa caminhada ou ouvir uma música relaxante. Seja o que for que fizer, deve servir para relaxá-lo, livrá-lo da tensão e deixar a sua mente lúcida o bastante para que você possa pensar no que realmente quer.

Respire mais devagar quando sentir um desejo irresistível de comer chocolate; isso também pode ajudar. No minuto em que você fica ansioso, a sua respiração fica mais artificial e mais rápida, contribuindo para aumentar ainda mais a sua ansiedade. Para interromper esse processo, dê a si mesmo uma chance de se acalmar, respirar fundo, inspirando pelo nariz e prestando atenção no diafragma enquanto o ar entra e sai dos pulmões. Em linhas gerais, conte quatro ou cinco segundos ao inspirar e mais quatro ou cinco ao expirar.

A meditação também pode diminuir a ansiedade e a tensão, talvez porque ela desanuvie a mente e deixe que o seu corpo relaxe. Para meditar, você não precisa tomar aulas de meditação nem aprender nenhuma técnica extravagante; basta que se sente com as costas retas, feche os olhos e concentre-se na respiração. Repetir mentalmente palavras como "calma", "contentamento" ou "paz" pode ajudar. Se lhe ocorrerem pensamentos indesejáveis sobre chocolate (ou sobre álcool, cigarros, dinheiro, fazer compras ou qualquer outra coisa sobre a qual você não tenha controle), simplesmente perceba-os e deixe-os ir, como se eles fossem um punhado de areia escorrendo por entre os seus dedos ou uma garrafa cheia de água que você derrama no chão. Você também pode imaginar que está rebatendo esses pensamentos com uma raquete de tênis. Para obter melhores resultados, procure meditar de dez a vinte minutos, duas vezes ao dia.

SEGUNDO PASSO: CONSCIÊNCIA

Comer demais em decorrência do *stress* ou da ansiedade pode virar um hábito, mas, como qualquer outro hábito, ele pode ser vencido. Será mais fácil substituir hábitos negativos por outros mais positivos se você prestar atenção ao que come, ao modo como come e aos momentos em que come. Então, se você optar por uma barra de chocolate ou um cálice de vinho de vez em quando, estará fazendo uma escolha positiva em vez de se deixar levar por tensões emocionais subjacentes. Lembre-se, comer só para aliviar a tensão não adianta nada, mas a decisão de tratar a tensão ajudará você a comer com mais prazer.

Pense nas ocasiões em que você come e por quê. Tente registrar num diário a relação entre o que você come e o seu estado de humor. Isso pode ajudar. Mas, lembre-se, esse diário não servirá para que você controle a sua alimentação. Ele servirá para que você tenha mais informações que o ajudem a entender os seus hábitos alimentares.

O diário funciona melhor se você organizá-lo de maneira clara e sistemática. Compre um caderno que você possa levar para onde for. O ideal é que você anote tudo o que come ou bebe no momento em que faz isso, porque no final do dia pode não se lembrar nem da metade. Veja a seguir o esquema que eu sugiro.

Dia:
Horário:
Eu estava com fome?
Como eu me sentia fisicamente?
Como eu me sentia emocionalmente/mentalmente?
O que eu comi?
O que eu bebi?
Como ficou a minha fome depois que eu comi isso?
Como eu me senti fisicamente?
Como eu me senti do ponto de vista emocional/mental?

Entre os sintomas físicos, você pode incluir, por exemplo: cansaço, dor de cabeça, dor de estômago, dor nas costas ou fraqueza. Entre os sintomas emocionais ou mentais, estão a ansiedade, a irritação, os lapsos de memória, a dificuldade para se concentrar, a inquietação, a raiva, a tristeza, o tédio, a vontade de chorar ou a alegria. Ao fazer uma relação dos seus sintomas, você poderá compará-los ao longo dos dias. Você também pode dar uma nota para cada sintoma, dentro de uma escala de um a cinco, sendo cinco o pior sintoma possível e um, o mais ameno.

Se descobrir o que o chocolate representa para você e desvendar a relação que tem com ele, isso vai ajudá-lo a se conhecer melhor. Quanto mais consciência você tiver dos seus sentimentos enquanto come, mais sintonizado estará com os sinais de fome.

Quando comer, concentre toda a sua atenção na comida; assim você perceberá quando já está satisfeito ou já tiver comido o suficiente, e não ficará com a sensação de que comeu demais. Da próxima vez que quiser devorar uma guloseima de chocolate, pergunte a si mesmo se você está realmente com fome. Procure perceber se não haveria outra coisa diferente da comida — uma caminhada, um bate-papo, um abraço — que satisfaria essa necessidade. Se estiver com fome, uma boa idéia é sentir primeiro o aroma da comida. O olfato é o sentido mais diretamente ligado ao cérebro e é ele que ajudará você a restabelecer o contato com o que o seu corpo realmente precisa. Você também poderia tentar beber um copo d'água, pois às vezes confundimos a sede com a fome.

Quando se puser a comer, não tenha pressa; preste realmente atenção ao que está comendo. Você perceberá que assim será capaz de reconhecer mais depressa quando já estiver satisfeito e também notará quando estiver comendo algo que não lhe agrada de fato. Você descobrirá até que muitos dos alimentos sem os quais você acha que não poderia viver — como hambúrguer e batata frita — na verdade não têm um sabor tão bom assim. Então, quando voltar a comer chocolate, você estará pronto para redescobrir o prazer que é apreciar algo realmente delicioso.

TERCEIRO PASSO: RECUPERAÇÃO DO EQUILÍBRIO

Depois que perceber que andou usando o chocolate e a comida para se sentir melhor, você terá mais condições de fazer escolhas melhores. Por exemplo, você poderá passar a comer chocolate só nos momentos em que tiver tempo de saboreá-lo mais devagar, conseguirá parar quando já tiver comido o bastante ou poderá substituí-lo por uma fruta de vez em quando. Você poderá telefonar para um amigo em vez de tomar um sorvete de chocolate, sair para uma caminhada em vez de devorar um pacote de bolacha ou assistir a um filme ou dar um abraço em vez de atacar um prato de biscoitos. Optar por recuperar o equilíbrio significa optar por apreciar os alimentos — incluindo o chocolate — com moderação. Desse jeito você vai se sentir satisfeito consigo mesmo, em vez de se condenar pelos excessos. Da próxima vez que se sentir tentado a comer chocolate além da conta, faça uma pausa, respire fundo, concentre-se no que está sentindo e tenha coragem para parar.

Como encontrar coragem

Todo dia temos de fazer novas escolhas — fazemos a coisa certa ou tomamos o caminho mais fácil? Levantamo-nos assim que o despertador toca ou corremos o risco de chegar atrasados no trabalho? Procuramos manter o controle ou dizemos coisas de que nos arrependemos depois? Comemos alguns bombons ou a caixa toda? Se conseguirmos reconhecer esses momentos estratégicos e enfrentá-los com coragem, sairemos vitoriosos.

Portanto, da próxima vez que quiser fazer novas amizades, candidatar-se a uma vaga, abandonar um hábito antigo, assumir um compromisso, ser você mesmo ou dizer "Não" a algo que não faz bem a você, não hesite! Seja forte e inteligente quando as coisas ficarem mais difíceis. Não sacrifique a sua felicidade ou a sua saúde em troca de uma satisfação imediata da qual poderá se arrepender. Você merece mais do que isso.

Quando você estiver tentado a fazer algo que acabará lhe fazendo mal, encontre forças na disciplina. Um homem chamado Albert Gray passou anos estudando pessoas felizes e bem-sucedidas para descobrir qual era o segredo delas. O que você pensa que ele descobriu? Que não se tratava de uma questão de genética, de pais devotados, de dinheiro ou de boa aparência. O segredo delas era a capacidade que tinham de fazer, de tempos em tempos, coisas das quais não gostavam. Por quê? Porque sabiam que essas coisas aumentavam a chance que tinham de ser felizes a longo prazo.

A qualidade fala por si

Como você reconhece um chocolate de boa qualidade? Fácil: ele precisa conter de 50 a 70% de massa de cacau. Essa informação você encontra na embalagem. Quanto mais massa de cacau, melhor o chocolate. Os chocolates baratos só têm por volta de 10%. Certifique-se também de verificar a porcentagem de açúcar. Quanto mais açúcar — e alguns chocolates podem ter por volta de 65% — pior é a qualidade do chocolate. Os de boa qualidade devem ter por volta de 30% de açúcar. Procure também evitar chocolates com gordura vegetal e com aromatizantes artificiais.

A alfarroba é considerada uma ótima alternativa para o chocolate, pois não contém estimulantes. Ela tem menos gordura e é mais rica em cálcio, embora o cacau seja mais rico em niacina, ferro, zinco, fósforo e vitamina E. A alfarroba é um alimento basicamente de baixas calorias, mas os níveis de gordura dos produtos preparados com esse ingrediente aumentam substancialmente durante a produção, quando são adicionados óleo de coco e óleos vegetais hidrogenados.

Outra dica: pense no cacau de verdade. Joe Vinson, professor de química da University of Scanton, na Pensilvânia, descobriu que o chocolate em pó (não os achocolatados instantâneos) tem mais antioxidantes do que o chocolate amargo e muito mais do que o chocolate ao leite.

Em outras palavras, às vezes, goste ou não, você tem de usar a sua força de vontade para conseguir o que quer. Não é fácil, mas quem disse que a vida deveria ser fácil? O único jeito de aprender e de crescer é enfrentar desafios e descobrir a coragem e a disciplina que você tem. Você pode não ter consciência disso, mas toda vez que pára de comer quando acha que já comeu o suficiente ou procura fazer um trabalho da melhor maneira possível, você está avançando no caminho rumo à felicidade e à realização.

Princípio 5

Com um bom chocolatinho aqui e outro ali, você vai longe

SOBRE O CHOCOLATE: Escolha o melhor chocolate que puder comprar. Quanto melhor a qualidade, mais saudável e gostoso ele é.

SOBRE A VIDA: Não espere, de você e da sua vida, nada menos que o melhor.

Dar-se ao luxo de comer apenas chocolate de boa qualidade é algo que realmente vale a pena, pois ele tem um gosto melhor e geralmente é mais puro e saudável. Mas isso não é tudo. Exija qualidade também na sua vida. Seja franco: a sua vida vai bem? Ou poderia ser melhor?

> O Monsenhor estava nos seus aposentos particulares, no santuário dos santuários, o mais santo dos santos para a multidão de adoradores que esperava por ele nas antecâmeras. O Monsenhor preparava-se para tomar o seu chocolate. Ele era capaz de engolir muita coisa, e diziam as más línguas que estava prestes a engolir a própria França. Mas, para fazer descer aquele chocolate matinal pela goela do Monsenhor abaixo eram necessários quatro homens fortes, além do cozinheiro.
>
> Sim. Quatro homens, todos exibindo condecorações no peito, e o Chefe deles — sujeito incapaz de viver sem pelo menos dois relógios de ouro no bolso, emulando o próprio Monsenhor, autor dessa casta e elegante moda. Um lacaio trazia o pote de chocolate até a sagrada presença; um segundo moía e mexia o chocolate com um pequeno instrumento que levava para esse expresso fim; um terceiro apresentava o guardanapo escolhido; o quarto (o dos relógios de ouro) servia o chocolate.
>
> — Charles Dickens, *Um Conto de Duas Cidades*

Você está se tratando com dignidade e respeito?

Estabeleça você mesmo o curso da sua vida. O relacionamento mais importante que você tem, e que define o curso de todos os outros da sua vida, é o relacionamento que tem consigo mesmo. Todas as pessoas que fazem parte da sua vida observam como você se trata, o que você exige de si mesmo e se está disposto a defender o que acredita. Quando se trata com dignidade e respeito, você transmite uma mensagem clara de que está exercendo o seu poder pessoal.

Reflita sobre a maneira como as pessoas com quem você convive tratam você. Você está sendo obrigado a suportar coisas que não são do seu agrado? O que pode fazer para mudar o jeito como elas o tratam? Por exemplo, se alguém é rude com você, você não precisa tolerar esse comportamento; queixe-se disso, procurando manter a calma.

É claro que existem exceções. Se alguém estiver abusando de você física, mental ou emocionalmente, isso é totalmente diferente. Não foi você que as levou a agir assim. Não foi culpa sua e você precisa de ajuda para mudar a situação ou se livrar dela. Procure ajuda. Faça algo para se defender. Você merece.

Portanto, depois de deixar bem claro que não estamos nos referindo a comportamentos perigosos, abusivos ou violentos, vamos continuar. Ensinar às outras pessoas como tratar você significa familiarizá-las com as suas reações. Por exemplo, se você tenta falar com a sua chefe num momento em que ela está ocupada e desiste depois de se sentir ignorado, você só está mostrando a ela que você costuma desistir das coisas quando é ignorado.

Mude as suas atitudes e reações básicas e as pessoas passarão a tratá-lo de outro modo. É simples assim. A princípio, você pode encontrar uma certa resistência — não é fácil abandonar velhos hábitos —, mas continue tentando e tudo vai melhorar. Você pode influenciar as pessoas. E, como sempre, tudo começa com você mesmo. A simples decisão de não suportar mais comportamentos que o desagradam bastará para provocar mudanças positivas.

Espere de si mesmo nada menos que o melhor e a sua vida também mudará para melhor.

Se você se recusar a aceitar qualquer coisa que não seja o melhor, é exatamente isso o que conseguirá. Comece a viver do jeito que você quer viver.

— Anônimo

O que o formato do seu chocolate diz sobre a sua personalidade

O formato do chocolate que mais atrai você pode revelar aspectos da sua personalidade e o modo como os outros o vêem. Quando lançar mão desse jeito divertido de auto-análise, baseie a sua escolha nos seus instintos ou na primeira impressão — escolha o formato que lhe atrair mais.

Quadrado: As pessoas que preferem o formato quadrado são lógicas, honestas e dignas de confiança. Você gosta de seguir a orientação dos livros e tem a tendência de se perder em detalhes. Você prefere ter amigos antigos e leais. O seu jeito de encarar os relacionamentos pode ser um tanto antiquado, mas a magia e o romance significam muito para você.

Retangular: Você é uma pessoa leal, dependente e tranqüila. Ótimo ouvinte, você sabe oferecer a sua amizade e costuma se desdobrar para ajudar quem precisa.

Você tem um grande poder de concentração e uma inclinação natural para os estudos. Não gosta de conflitos. Nos relacionamentos, você é afetuoso, sensível e ponderado.

Oval: As pessoas que preferem o formato oval têm muitos amigos, pois têm as palavras certas para cada ocasião. Você segue o coração e sempre dá ouvidos ao que sente; porém, isso às vezes pode levá-lo a tomar decisões por impulso e colocá-lo em maus lençóis. Você não tem medo de expressar os seus sentimentos mais verdadeiros e não costuma ficar sem par por muito tempo.

Espiral: O seu gosto pela ação e pela energia pode levá-lo a ter um estilo de vida caótico. Você vive cheio de idéias e é um eterno otimista, que nunca refreia os seus impulsos nem tem receio de experimentar coisas novas. A sua vida amorosa é caótica também, mas quando está comprometido você é um amante apaixonado e empolgante.

Redondo: As pessoas que preferem o formato redondo são calorosas, amigas e agradáveis. Você adora companhia e, se pudesse, viveria sempre cercado de pessoas. Você adora festas e eventos sociais. Você tem a tendência a agradar as pessoas e a necessidade que tem de ser um amigo leal pode fazer com que acabe se envolvendo com os problemas dos outros. Você costuma confiar nas aparências. O seu desafio é compreender que o coração conta muito mais do que a beleza exterior.

Triângulo: Você gosta de fazer as coisas acontecerem. Você é um grande comunicador e consegue se sair bem em qualquer situação. Você gosta de liderar e de criar as suas próprias regras. A sua única deficiência é o egocentrismo.

Losango: Você é uma pessoa íntegra. Não tem tempo para superficialidades. Acha importante fazer algo em que acredita e que fará deste mundo um lugar melhor. Você gosta de se ver cercado de coisas belas e, quando tem um par, leva o compromisso a sério.

É evidente que você precisa encarar essas descrições com reserva. As pessoas que preferem o formato redondo nem sempre são sociáveis e nem todo mundo que gosta do formato quadrado é organizado, mas talvez da próxima vez que escolher ou observar alguém escolhendo um chocolate você comece a refletir (assim como fez no divertido exercício sobre o seu recheio pessoal) na maneira como você (ou essa pessoa) se comporta. É fácil ficar preso a um papel em particular e mais fácil ainda perceber que as pessoas esperam que você o represente.

Pensamentos de qualidade

Depois que você reconhecer que tem a obrigação de só esperar o melhor de si mesmo, em todos os aspectos da vida — do chocolate que você come até os amigos que você tem —, comece a fazer mudanças positivas. Você pode começar substituindo o que não é tão bom por algo melhor. E a mudança mais importante que você pode fazer é no jeito como costuma pensar.

Saboreando o chocolate

Dizem os especialistas que o ideal é comer o chocolate entre as refeições e em momentos em que você tenha tempo de saboreá-lo. Ah, e se ele tiver qualidade bastará um pedacinho para saciar até o desejo mais irresistível (por chocolate, claro!) Comece sentindo o seu aroma. Ele é forte e não muito doce? Então preste atenção ao barulhinho que ele faz. O ideal é que ele estale quando partido em pedaços. Ele tem de parecer macio e lustroso, sem um aspecto esbranquiçado, pois isso indica que ficou exposto ao calor excessivo. O bom chocolate tem de derreter instantaneamente na boca, se já não começou a derreter na sua mão. O chocolate de qualidade inferior não derrete com tanta facilidade. Mas é o sabor que é o mais importante. O chocolate de boa qualidade tem um sabor acentuado e cremoso, sem ser excessivamente doce. Ele também pode ser ligeiramente amargo, causando uma espécie de zumbido na boca quando você o chupa.

O chocolate pode conter mais de quinhentos sabores diferentes — muito mais do que qualquer outra coisa que você comer —, por isso ele precisa ser saboreado bem devagar. Se você não tiver pressa, as suas papilas gustativas terão tempo de identificar todos esses quinhentos sabores, muito embora você provavelmente não seja capaz de distingui-los. Portanto, não se apresse ao comer chocolate. Dê às suas papilas gustativas tempo para identificar os sabores e tornar a sua experiência com o chocolate muito mais prazerosa e sensual.

O modo como você pensa afeta o modo como você sente. Se você acha que não tem valor, você vai se sentir como uma pessoa sem valor. Experimente fazer este exercício simples. Pense em algo realmente triste, como um velório. Agora pense numa época em que você se sente muito feliz, como as férias. Você perceberá imediatamente como os seus pensamentos influenciam as suas emoções.

Se você sempre se olha com maus olhos, pensando coisas como "Sou um inútil" ou "Não vou conseguir", essa opinião começa a se enraizar dentro de você. Alimente a negatividade por certo tempo e você acabará não percebendo mais que faz isso.

Depois de constatar como os padrões de pensamento negativos afetam o modo como você se vê, você pode começar a substituí-los por outros. Você pode argumentar, dizendo que às vezes os pensamentos negativos são mais realistas, pois a vida muitas vezes nos traz decepções. Isso pode ter um fundo de verdade. Querer que tudo tenha um final feliz é utopia. Mas os psicólogos e psiquiatras mostraram que as pessoas infelizes muitas vezes têm uma certa propensão para o negativo.

Não acredite em tudo o que você pensa. Questione. Você não acredita em tudo o que as pessoas dizem nem em tudo o que lê nos jornais, então por que dá tanto crédito ao que você pensa? Você não pode imaginar quantas incoerências se revelam quando você começa a questionar os seus pensamentos negativos.

Você não precisa substituir os pensamentos negativos por outros, positivos; basta que os substitua por outros mais apropriados. O pensamento positivo pode ser tão inútil e irrealista quanto o negativo, mas o pensamento realista, felizmente, é muito mais otimista do que o negativo. Os pensamentos realistas levam em conta o lado negativo, mas também consideram outras possibilidades. Por exemplo, em vez de dizer "Não sou bom em nada", é mais conveniente afirmar "De fato eu não sou bom em tudo, mas levo jeito para algumas coisas".

A maioria dos pensamentos negativos é imprecisa, ilusória e pouco realista, pois eles só levam em conta um lado da história: o negativo.

Assim como é bom exigir qualidade do chocolate, também convém exigir qualidade dos seus pensamentos. O truque é reconhecer quando você tem um pensamento negativo e perguntar a si mesmo, "Estou sendo realista?" De agora em diante, sempre que tiver pensamentos negativos sobre si mesmo — os mais comuns estão relacionados a seguir —, comece a questioná-los com base na razão, na realidade e nos fatos.

Como preservar a qualidade

A umidade e o calor são os piores inimigos do chocolate. Esses dois fatores causam a formação de minúsculos cristais sobre a superfície, dando ao chocolate uma aparência esbranquiçada. Para evitar que isso aconteça, mantenha o chocolate num lugar seco e livre de umidade (com uma temperatura ligeiramente maior do que a da geladeira, ou seja, entre 19 e 25 graus). Também não o deixe sob uma temperatura menor do que 13 graus, pois isso também o deixará esbranquiçado. Para que o chocolate também não absorva odores do ambiente, guarde-o num recipiente hermeticamente fechado.

A mania de exagerar

As pessoas que desconfiam de si mesmas geralmente fazem tempestade em copo d'água. Basta um leve contratempo para que elas o transformem numa verdadeira catástrofe. Elas cometem um errinho e logo dizem que "estragaram tudo!"; um resfriado vira uma experiência de quase-morte. A mania de exagerar só vai servir para deixá-lo ainda mais desnorteado. Procure criar o hábito de descrever as situações assim como elas são, tentando não dramatizá-las. Tudo bem, você cometeu um erro, mas isso não é o fim do mundo. Aprenda com a experiência, perdoe a si mesmo, se preciso, e siga em frente.

"Mais uma vez meti os pés pelas mãos!"

Todo mundo comete erros. Na verdade, as pessoas mais interessantes e excepcionais são aquelas que cometem mais erros. O único jeito de conhecer os seus pontos fracos e fortes é cometendo erros. Evidentemente, os pontos fracos podem ser devastadores, mas eles podem ajudá-lo a se aprimorar e a aprender mais sobre si mesmo e sobre o que você quer e não quer da vida. Tudo, até mesmo as situações mais frustrantes, pode ensinar alguma coisa a você. Quando você tem essa atitude, nada é considerado um fracasso.

Lembre-se, o que determina o seu valor não é o que lhe acontece, mas a maneira como você reage a isso. Se não passar num exame, procure identificar a sua deficiência e tente de novo. Se não conseguir o emprego que você queria, descubra por que motivo e use essa informação para aumentar as suas chances na próxima oportunidade. Em vez de ver todos os seus erros e decepções como fracassos, procure encará-los como meros contratempos ou lições que enriquecerão o seu cabedal de conhecimentos. Assim você ficará menos inclinado a desistir e mais disposto a tentar outra vez.

Tudo ou nada: "Nunca vou conseguir fazer isso direito; então, para que tentar?"

Para as pessoas negativas, é oito ou oitenta. Ou algo é totalmente bom ou totalmente ruim. Se uma coisa não sairá perfeita ou não será feita da melhor forma possível, então nem vale a pena fazê-la. Esse tipo de raciocínio provoca muitas decepções e dores de cabeça. É impossível fazer algo perfeito, especialmente se você só tentou fazê-la algumas vezes. Não importa o quanto você seja brilhante; sempre poderá fazer algo de maneira melhor.

Você pode pensar, "Por que vou me dedicar a isso se nunca serei o melhor no que faço?" A questão é que há muitas vantagens em se aprender coisas novas. A tentativa de ser cada vez melhor é extremamente gratificante. Se você não é perfeito em algo, pode fazê-lo da melhor forma possível e sentir uma grande satisfação com isso.

Se você se pegar pensando em termos de tudo ou nada, experimente questionar esse jeito negativo de pensar vendo as vantagens da situação em que está. Procure ver os dois lados da questão e chegar num meio-termo. Talvez o seu romance não vá se tornar um clássico, mas pode lhe dar um grande prazer escrevê-lo. Talvez a sua apresentação não tenha sido tão boa quanto você gostaria, mas ainda assim ela pode ser eficaz. Diga a si mesmo, "Não ficou tão bom desta vez, mas da próxima vez ficará melhor".

"Não consigo e acabou"

As pessoas negativas costumam achar que, se uma coisa não deu certo da primeira vez, nunca dará. Você tem um dia conturbado no escritório e passa a achar que é um incompetente. Tem uma briga com o seu par e acha que o relacionamento está em crise.

Para onde quer que olhe, você pode encontrar exemplos de reveses que acabaram levando ao sucesso. Walt Disney, Steven Spielberg e J. K. Rowling são apenas alguns exemplos de pessoas cujas idéias foram a princípio rejeitadas, mas que acabaram conquistando um sucesso espetacular. Às vezes, quando você está tentando sintonizar uma estação de rádio, acaba pegando outras freqüências. Você continua tentando sintonizar até conseguir a qualidade de recepção que queria. Vale a pena ser persistente. Só porque não conseguiu sintonizar logo de início não significa que nunca conseguirá.

Se você tem mania de generalizar e de tirar conclusões cada vez que surge um contratempo, é hora de questionar esses padrões de pensamento.

"Tive um dia péssimo no trabalho, mas isso não significa que eu não seja um bom profissional."

"Tivemos uma briga, mas isso não quer dizer que vamos nos separar. Ainda nos damos bem."

"Hoje eu exagerei no chocolate, mas isso não significa que eu não tenha uma alimentação saudável. Amanhã é outro dia."

Não deixe que as decepções do passado ou do presente impeçam você de conquistar o sucesso no futuro. Ninguém sabe o que ele nos reserva. Se você teve uma decepção hoje, diga a si mesmo, "Não aconteceu o que eu queria, mas amanhã é outro dia".

"A culpa é minha"

O ser humano está sempre tentando explicar por que as coisas acontecem. Se algo não dá certo, queremos descobrir de quem é a culpa. Acusamos os outros. As pessoas infelizes geralmente se culpam quando alguma coisa não dá certo.

Se você tem essa tendência, examine de perto as circunstâncias que levaram algo a não dar certo. Algumas delas podem não ter nenhuma relação com você. Se você acha que não se saiu bem numa entrevista de emprego, procure descobrir a razão. Talvez você não estivesse bem preparado ou quem sabe não estava se sentindo muito bem ou estivesse simplesmente cansado? Foi culpa sua? Talvez você simplesmente não fosse a pessoa certa para aquela vaga. E isso também não é culpa sua. Talvez você fosse a pessoa mais indicada para aquele tipo de trabalho, mas precise ganhar mais experiência ou se aperfeiçoar mais. Use essa entrevista como uma lição e procure se aprimorar.

Nunca assuma a culpa por coisas que estão além do seu controle. Não se concentre nos seus pontos fracos; em vez disso, preste atenção nos seus aspectos positivos. Tenha sempre em mente os seus pontos fortes e nunca se esqueça deles, especialmente se as coisas derem errado. Procure deixar de lado o sentimento de culpa e pensar coisas mais positivas como "Não deu certo, mas como eu ia saber que isso aconteceria?" Ninguém tem condições de controlar todos os fatores que desencadeiam uma situação.

Adivinhação

Algumas coisas têm toda a probabilidade de acontecer. O sol vai nascer pela manhã e se pôr à tarde. À noite, a lua e as estrelas vão surgir. Mas isso não é uma certeza absoluta. O mundo provavelmente não vai acabar amanhã, mas isso poderia muito bem acontecer!

Quando você começa a ver só o lado negativo das coisas, perde o senso de perspectiva. Como você pode saber que tudo vai dar errado? Se você tem a tendência de pensar negativamente, é bem provável que as suas previsões sejam quase sempre negativas e que você as considere como fatos consumados. No entanto, é altamente improvável que as coisas tenham sempre um desfecho ruim.

Se você tem o hábito de sondar o futuro para descobrir algo sobre as coisas de que tem medo, comece a questionar agora mesmo esse modo de pensar. Se você acha que sabe o que as outras pessoas pensam, reflita melhor. Você não tem condições de saber o que outra pessoa pensa; você não lê pensamentos. É mais sensato pensar que coisas desagradáveis podem acontecer ou não. Comece aceitando a possibilidade de que tudo pode acabar bem. Livre-se do pessimismo desmedido.

Se você tem uma tendência para pensar o pior de si mesmo e das outras pessoas, respire fundo e pense nas provas contra e a favor da sua previsão. Comece substituindo as afirmações negativas por outras mais realistas. "Eu vivo dizendo que nunca vou conseguir me sair bem, mas como posso saber o que acontecerá no futuro?" Se você acha que não tem muito valor como pessoa, repita para si mesmo "Como eu posso ter tanta certeza?"

Ignorando o positivo

Se já avançou um bocado na espiral descendente do pensamento negativo, você muito provavelmente ignora qualquer idéia positiva que contrarie a sua negatividade. Esse estágio é o mais negro de todos. Você chegou a um ponto em que não consegue ver sentido em nada. Está pensando seriamente em desistir de tudo. Mas a vida só é cheia de decepções e de futilidade se você acha que é.

Questione sempre que possível os pensamentos negativos contrapondo-os com os fatos. Você vai descobrir que a negatividade não só tira a sua felicidade como não corresponde à realidade.

Preocupação

Preocupação é o termo que usamos para descrever o estado mental da pessoa que só pensa em possibilidades negativas. A menos que você encontre um jeito de se livrar da preocupação, ela se agravará cada vez mais, até que as possibilidades negativas acabem ficando desproporcionais. É claro que todos nós temos pensamentos inquietantes, mas o que não precisamos fazer é alimentá-los. Lembre-se de que é você que controla os seus pensamentos. Você não pode impedir que a preocupação aconteça, mas pode aprender a lidar com ela de maneira positiva.

Da próxima vez que começar a se preocupar, experimente fazer o seguinte:

- Pare e reconheça que começou a se preocupar.

- Procure identificar o que o está preocupando. Se você não consegue definir muito bem o que o preocupa e só percebe que está negativo e ansioso, veja a preocupação como uma advertência útil de que a sua vida não vai muito bem.
- Pergunte a si mesmo, "Existe alguma coisa que eu possa fazer para mudar a situação?" Se existe, mãos à obra. Se não existe, mude o seu jeito de encarar a situação e encontre uma maneira de usar de outro modo a energia que a preocupação está consumindo.
- Se a preocupação está deixando você tenso, procure relaxar os músculos.
- Se a preocupação impede que você tome uma decisão, pense em todas as alternativas possíveis, pese os prós e contras e entre em ação. Se cometer erros, lembre-se de que ninguém está certo o tempo todo. Aprenda com os contratempos e tente outra vez.
- A preocupação é quase sempre influenciada por processos de pensamentos irracionais. Acontecimentos do passado podem estar influenciando a maneira como você reage às situações do presente, ou crenças equivocadas podem causar problemas. Por exemplo, se você foi abandonado quando criança, talvez precise da aprovação dos outros para se sentir valorizado. Ou pode achar que as pessoas só vão gostar de você se agir de uma determinada maneira. É hora de você começar a questionar tudo isso. Você tem crenças equivocadas ou irracionais que precisam ser substituídas por outras mais positivas?

Novas maneiras de pensar

Quando você começar a ficar mais familiarizado com o seu jeito distorcido de pensar, pode começar a desafiá-lo usando uma das maneiras sugeridas anteriormente. Uma boa idéia é pensar na pior coisa que você acha que poderia acontecer. Se você imaginar o pior e se preparar mentalmente para isso, nada que acontecer pode parecer tão ruim. Depois comece a melhorar esse cenário sinistro e pense em outras possibilidades mais positivas. Pense nos seus pontos fortes e no modo como outras pessoas podem ajudar você a lidar com a situação.

O pensamento de boa qualidade pode parecer simplista, mas ele é muito mais forte do que você pensa. A chave é a prática. Você está aprendendo uma nova ciência. Aprendendo a falar de si mesmo de um modo mais reconfortante e encorajador. Você não tem o hábito de questionar os seus pensamentos negativos; por isso, continue praticando e chegará o tempo em que esse questionamento se tornará uma segunda natureza. Você começará a perceber quando está exagerando, preocupando-se além da conta ou vendo só o lado negativo das coisas. Um dia, a mania de se colocar para baixo e de subestimar a sua capacidade não será tão forte. Você começará a perceber o quanto ela é melodramática, irrealista e ligeiramente absurda.

Seja um virtuose

Busque qualidade tanto no chocolate que você come quanto na vida que você tem. Se quer que a sua vida seja uma influência positiva neste mundo — não importa quem você seja ou o que faça —, então você precisa aprender primeiro a ficar do seu lado. Muito provavelmente a pessoa que está atrapalhando você não é um membro da sua família, o seu chefe ou o mundo em geral. Quem o atrapalha é você mesmo. Cabe a você começar a mudar o modo como você pensa, sente e se comporta.

Nunca se esqueça de uma coisa. Você é a força que impulsiona a sua vida e é por meio dela, e apenas dela, que você encontrará a determinação necessária para chegar ao sucesso. Se você quer ser um virtuose, você pode. Tudo o que você tem de fazer é começar a pensar e se comportar como um.

Princípio 6

Divida o seu chocolate

SOBRE O CHOCOLATE: Presente perfeito para dar e receber, o chocolate foi feito para compartilhar.

SOBRE A VIDA: Dê e receba na mesma proporção.

O chocolate é o presente perfeito para dar e receber, e não é dando e recebendo que tornamos a vida mais feliz e gratificante?

Pelo amor ao chocolate

> As nossas capacidades de dar e receber são a base da nossa capacidade de criar a verdadeira prosperidade e de vivê-la.
>
> — Shakti Gawain, autora

Quando ajuda alguém sem esperar nada em troca, você dobra as suas chances de ser feliz e de ter sorte na vida. As bênçãos voltam naturalmente para você na forma de bons sentimentos com relação a si mesmo ou de bons sentimentos que as outras pessoas nutrem a seu respeito. O truque, no entanto, é se doar sem querer saber de que maneira isso um dia lhe trará a felicidade, mas confiante de que os seus bons atos voltarão para você, caso seja uma pessoa gentil e prestativa.

Digamos que você se disponha a aconselhar uma universitária que queira trabalhar no mesmo campo profissional que você. Enquanto vocês conversam, ela percebe que você gosta de música, pelos seus comentários acerca de uma orquestra muito famosa. Você não vê mais essa moça, mas passados seis meses ela lhe envia um prospecto sobre uma série de concertos que acontecerão na universidade em que ela estuda. Você decide assistir a um desses concertos. Quando chega lá, surpreende-se ao encontrar um velho amigo seu que você não via há anos. Vocês trocam telefones e você aceita o convite para jantar na casa dele. Você vai a esse jantar e é apresentado a alguém que também tem paixão por música. Vocês ficam amigos, acabam por se apaixonar e se casam alguns meses depois.

As pessoas felizes vivem incondicionalmente. Quanto mais elas se doam, mais felizes se tornam, porque suas ações não são egoístas ou condicionais e isso faz com que os outros se lembrem delas e as vejam com carinho. Alguém pode recomendar você para uma oportunidade de trabalho, esforçar-se para retribuir o seu gesto ou dispor de algumas horas para lhe dar conselhos ou sugestões. A generosidade gera lealdade e respeito, além de lhe garantir um lugar no coração e na mente das pessoas.

Às vezes, porém, a verdadeira recompensa por um gesto de generosidade não é um favor retribuído, mas o sentimento bom que você tem depois de ajudar alguém. Você se sente bem consigo mesmo e, assim como vimos no Princípio 1, sentir-se bem consigo mesmo é um ingrediente vital da felicidade. Segundo pesquisas, as pessoas que fazem trabalhos voluntários regularmente costumam ter uma expectativa de vida maior, não se entediam tão facilmente e vivem uma vida cheia de propósito. Estudos mostram que os trabalhadores voluntários são duas vezes mais felizes do que as pessoas que não fazem esse tipo de trabalho; portanto, se você quer aumentar as suas chances de ser feliz, o melhor modo é pensar na felicidade dos outros.

Faça o bem de coração, sem premeditar, e nunca se finja de bonzinho para manipular ninguém. Não dê nada se isso pode lhe causar ressentimento depois e nunca pense em ajudar ninguém pensando em receber o mesmo em troca. A recompensa pela sua compaixão pode demorar para chegar e isso talvez só aconteça no seu coração. Dê sem pedir nada em troca — mesmo que às vezes ninguém fique sabendo disso.

Acostume-se a fazer o bem

Uma palavra gentil pode aquecer três meses de inverno.
— Ditado japonês

Você já teve um dia em que tudo parecia dar errado até que de repente surgiu alguém que lhe fez uma gentileza e tudo mudou de figura? Às vezes as coisas mais singelas — um bom-dia, um bilhetinho carinhoso, um sorriso, uma gentileza, uma caixa de bombons de presente, um abraço — podem fazer toda a diferença. Nos relacionamentos, os detalhes muitas vezes têm um grande significado. Acostume-se a ser gentil e a fazer o bem e veja como a sua vida vai ficar melhor.

Se você adora chocolate, dar bombons de presente será algo natural. Afinal de contas, o chocolate está intimamente associado ao ato de dar e receber. Eis aqui algumas sugestões. E por que você não tem também as suas próprias idéias?

- Faça uma gentileza a alguém.
- Gaste cinco minutinhos do seu tempo dando todos os dias um telefonema para o seu vizinho idoso só para perguntar se ele está bem.
- Mande flores ou chocolates para um asilo, pedindo que eles sejam oferecidos a alguém que não recebe muitas visitas.
- Se a pessoa que está atrás de você na fila do supermercado tiver só alguns itens para pagar, deixe que ela passe na sua frente.
- No restaurante, empilhe os pratos sujos para facilitar o trabalho do garçom.
- Telefone para os seus pais só para dizer olá.
- Dê passagem no trânsito.
- Ofereça-se uma noite para servir de babá para o filho de um casal que não tenha condições de ter uma.
- Leve uma caixa de bombons para o escritório e deixe-a sobre a mesa para que as pessoas possam se servir.

Já foi comprovado que o nível de satisfação na vida aumenta significativamente quando a pessoa se preocupa em ajudar os outros. Ao fazer isso, criamos laços positivos com as outras pessoas e conquistamos o seu afeto. De acordo com alguns estudos, as pessoas que têm mais oportunidades de ajudar os outros sentem-se muito melhores com relação a si mesmas do que as outras. Pesquisas também revelam que circunstâncias difíceis na vida de uma pessoa são um fator determinante menos importante para a felicidade ou infelicidade dela do que o apoio com que ela pode contar.

Todo mundo se esquece de uma coisa fundamental: as pessoas não vão amar você se você também não amá-las.
— Pat Carroll, atriz

Siga a regra de ouro e trate os outros como você gostaria de ser tratado. Pense sobre o que uma oferta de ajuda pode significar para a outra pessoa, não para você. Se você tem algo de bom para dizer, diga. Não espere que a pessoa morra para lhe mandar flores. Se você tem medo de parecer vulnerável, pare de pensar nos relacionamentos como se fossem uma competição e os encare como uma celebração. Nos relacionamentos, não existem vencedores ou perdedores. Ao cultivar o relacionamento, todos ganham.

Pense no que motiva você a dar e o que o impede de fazer isso. Pense no tipo de gesto que lhe traz mais satisfação e no tipo que lhe causa ressentimento ou a sensação de que foi usado. Depois, pense no que você gostaria de fazer para ajudar mais os outros e que também lhe faça bem. Procure maneiras de fazer gentilezas todos os dias. Procure fazer isso durante uma semana e veja como esse comportamento altruísta levanta o seu astral.

Pense no bem de todos

A pessoa que pensa no bem de todos é aquela que diz, "Se eu consigo, você também consegue". Essa é a única atitude que pode levar à felicidade, pois ela se baseia no princípio da generosidade, tema do Princípio 6. Mas que atitude é essa? A melhor maneira de explicá-la é descrever o que ela não é. Ela não visa apenas ao seu próprio bem, em detrimento do bem dos outros; não visa apenas ao bem das outras pessoas, em detrimento do seu próprio; nem mostra desinteresse pelo bem de qualquer pessoa. Essas são, todas elas, atitudes muito comuns neste mundo, mas não beneficiam em nada a nossa vida.

A pessoa que visa apenas ao próprio bem é do tipo que diz que a caixa de chocolate do sucesso tem um tamanho definido e que, se você comer um bombom, sobrará menos para ela. Por isso, ela faz tudo o que está ao seu alcance para garantir que se servirá primeiro. Desde a mais tenra idade, somos treinados para nos comportar dessa maneira; por isso, não se sinta mal se você for o tipo de pessoa que sempre precisa vencer e morre de inveja quando outra pessoa se dá bem. Esse é um hábito difícil de abandonar, especialmente quando você começa a perceber que vitória não é sinônimo de felicidade e que, se você tem de sacrificar uma amizade para consegui-la, ela também é terrivelmente solitária.

A pessoa que só visa ao bem dos outros é do tipo que diz, "Eu sou um cara legal, farei tudo pela paz". Se você adota essa postura diante da vida, não se surpreenda se outras pessoas tirarem vantagem de você e o usarem como capacho. Você também terá de esconder os seus verdadeiros sentimentos, o que é muito pouco saudável. A atitude de quem não visa ao bem de ninguém — nem ao próprio nem ao das outras pessoas — é uma espiral descendente. É a atitude da pessoa que diz, "Se eu estou infeliz e me sentindo mal, vou fazer com que você também se sinta assim".

A pessoa que pensa no bem de todos, no entanto, acredita que todos podem se dar bem na vida. Ela é gentil e firme ao mesmo tempo. Ela não pisa em ninguém nem deixa que ninguém a faça de capacho. A pessoa com essa postura preocupa-se com as outras e quer ver o sucesso de todo mundo, inclusive o dela própria. Essa atitude está ligada à abundância. É a crença de que todos podem chegar ao sucesso; não só você ou eu. Todos.

Mas como manter essa atitude quando a sua melhor amiga consegue o cargo que você queria ou a sua prima é contratada por uma grande agência de modelos e está em vias de se tornar uma modelo internacional? Tudo depende de você e de quanta confiança tem em si mesmo. Se você está em paz consigo mesmo, não se sentirá ameaçado. A segurança pessoal é a base dessa atitude (ver Princípio 1). A competição só é saudável quando você compete consigo mesmo ou quando ela desafia e ensina você a dar o melhor de si. A competição só se torna nociva quando você a vê como um meio de se sentir superior aos outros. A comparação é, do mesmo modo, um veneno.

Às vezes, parece impossível encontrar uma solução que beneficie a todos, ou alguém está tão inclinado a competir que você não consegue se desvencilhar dessa idéia. Quando isso acontecer e você não conseguir uma solução, não se deixe levar pela situação; caia fora desse jogo.

A melhor coisa sobre essa atitude de querer o bem de todos são os sentimentos bons que ela inspira — e o verdadeiro teste para saber se você quer o bem de todos é perceber o que você sente. Queira o bem de todos e o seu coração se encherá de sentimentos de generosidade e alegria.

O poder da sinergia

A sinergia é a recompensa de quem quer o bem de todos. Ela surge quando duas ou mais pessoas trabalham juntas para criar uma solução melhor do que a que poderiam conseguir se trabalhassem sozinhas. A sinergia acontece quando se celebra as diferenças, o trabalho em equipe, a falta de preconceitos e a descoberta de maneiras novas e melhores de se trabalhar.

Se você já fez parte de uma equipe, participou de uma peça de teatro ou foi membro de uma banda, sabe o que isso significa. As grandes equipes normalmente são compostas de diferentes tipos de pessoa e cada uma delas usa o seu talento para contribuir de um determinado modo. As mais finas caixas de bombom contêm uma grande variedade de chocolate, cada um deles com um sabor surpreendente.

Digamos que você esteja ouvindo música. Todas as vozes e instrumentos podem ser ouvidos ao mesmo tempo, mas não competem entre si. Individualmente, as vozes e os instrumentos produzem sons diferentes e fazem pausas a intervalos diferentes. Juntos, no entanto, eles criam um som totalmente diferente. Isso é sinergia. Ela não acontece simplesmente; ela é um processo.

Existem muitas pessoas independentes que fazem sucesso por aí, mas investigue melhor e você vai descobrir que, por trás do sucesso delas, existe uma sinergia. Pense nos grandes astros do esporte. Para que eles possam participar de grandes competições, um grupo de pessoas os assessora: o técnico, o agente, o massagista, o fisioterapeuta, o contador e por aí vai. Cada uma delas concentra-se no que tem de melhor e isso faz com que o atleta possa dar o melhor de si. O seu chocolate favorito teria um sabor tão maravilhoso sem uma equipe para criá-lo e produzi-lo?

Para que haja sinergia, você precisa compartilhar as suas idéias e tentar entender as idéias das outras pessoas. Depois de uma troca de idéias, a melhor geralmente vem à tona. Mas é preciso muita maturidade para que haja sinergia. Você tem de estar disposto a dar e receber, a fazer parte da equipe. Você precisa ouvir, ouvir de fato, os pontos de vista das outras pessoas e ter coragem para expressar o seu. Você precisa estar disposto a compartilhar. E precisa fazer tudo isso com a mente aberta, deixando que as outras pessoas soltem a criatividade.

As pessoas felizes sempre criam sinergia. Enquanto se concentram no que sabem fazer melhor, elas reúnem em torno de si pessoas com diferentes talentos. E todos contribuem para o resultado final, que é sucesso, harmonia, satisfação e, é claro, felicidade.

Você tem dois ouvidos e uma boca

A falta de generosidade quando se trata de ouvir o que os outros têm a dizer é um grande obstáculo à sinergia e à atitude que visa ao bem de todos. A chave para ter poder e influência sobre as pessoas se resume numa sentença: ouvir antes de falar. Se você cultivar esse simples hábito — ver as coisas do ponto de vista da outra pessoa —, novos horizontes de compreensão surgirão à sua frente.

Ser compreendido é a necessidade mais profunda do coração humano e a maior dádiva que você pode conceder às pessoas é o respeito e o valor pelo que elas são — cada pessoa tem algo exclusivo para dizer ao mundo. O problema é que muitos de nós não sabem ouvir. Ficamos tão preocupados em ensaiar uma resposta, fazer julgamentos, prestar atenção só no que nos interessa, dar a nossa interpretação pessoal ao que está sendo dito ou simplesmente divagar que nos esquecemos de simplesmente ouvir.

Para ouvir de fato é preciso não apenas ouvir as palavras da pessoa, mas prestar atenção também ao seu tom de voz e aos sentimentos que ela deixa entrever por meio da linguagem corporal. Somente sete por cento da comunicação é transmitida por meio de palavras. Mostre um interesse verdadeiro pela outra pessoa e veja as coisas do ponto de vista dela, sem dar conselhos, fazer julgamentos ou crivá-la de perguntas. Deixe que ela expresse os seus pensamentos sem interrompê-la com comentários. As conversas não são disputas para saber quem tem mais razão. Mesmo que duas pessoas tenham opiniões divergentes, ambas podem estar certas. Procure repetir com as suas palavras o que a pessoa lhe disse. Essa técnica, chamada de espelhamento, é muito útil nesse caso. Espelhar a outra pessoa significa simplesmente refletir de volta o que ela disse usando frases como "Você sente que…" ou "Então você está me dizendo que…" ou "Pelo que vejo, você sente que …". E não tenha medo do silêncio. Pode-se dizer muita coisa nos momentos de silêncio: "Eu estou ouvindo você, eu entendo o que quer dizer, eu estou ao seu lado".

Se você tiver disposição para ouvir e entender, terá muito mais chances de ser ouvido e compreendido. Quando precisar dar a sua opinião, poderá usar o conhecimento que tem da pessoa para julgar se o que você tem a dizer poderá de fato ajudá-la. Se você precisar expressar o que está sentindo, mantenha a calma e diga o que for preciso sem fazer acusações. Fale de você em vez de falar da outra pessoa. Em outras palavras, diga "Eu me preocupo com a sua saúde" ou "Eu sinto que não estamos nos dando muito bem ultimamente". Falar sobre a outra pessoa é bem mais arriscado, pois ela pode se sentir acusada: "Você tem me tratado muito mal ultimamente"; "Você não anda se cuidando". Diga o que pretende sem ofender o outro. Faça perguntas que estimulem o diálogo, como, por exemplo, "O que você sente a respeito disso?" ou "O que aconteceu?", em vez de perguntas que possam ser respondidas com um "Sim" ou "Não" ou que não precisem de resposta.

Compreender o outro significa se colocar no lugar dele e aceitar as necessidades que ele tem assim como você aceita as suas. Isso requer da sua parte tanto a capacidade de dar quanto de receber. Mas o esforço vale a pena, pois ele vai aprofundar as suas amizades e enriquecer os seus relacionamentos.

Dar demais

Você provavelmente já ouvir dizer que só se consegue amar outra pessoa depois que se aprendeu a amar a si mesmo. O mesmo se aplica à capacidade de doação. Só depois que você aprende a ser generoso consigo mesmo você consegue ser generoso com os outros. O bom senso e os estudos científicos dizem a mesma coisa: até que tenha satisfeito as suas próprias necessidades físicas e emocionais, você não tem recursos para dar nada a ninguém. Quando começa a negligenciar a si mesmo pelo bem de outras pessoas, você se torna simplesmente incapaz de ajudar quem quer que seja.

É extremamente importante que você aprenda a cuidar de si mesmo, de modo que possa estar no auge do seu bem-estar físico, mental e emocional. Se está exausto e ressentido porque está dando mais do que pode ou assumiu responsabilidades demais, você acabará afastando a felicidade da sua vida. A raiva e os pensamentos negativos vão começar a se infiltrar na sua mente ou você pode simplesmente acabar ficando cansado demais para avaliar as oportunidades.

Seja generoso, mas não seja tolo. Você não vai querer se desdobrar por pessoas preguiçosas nem estimular o padrão autodestrutivo de ninguém. Quando as pessoas de sucesso oferecem auxílio, elas não fazem isso a esmo. Elas escolhem muito bem quem irão ajudar. Não porque esperem algo em troca. Elas simplesmente sabem que, ao agir desse modo, a ajuda delas será mais valorizada e elas poderão ajudar mais pessoas que reconheçam e valorizem as suas dádivas.

Pense em maneiras de cuidar de você mesmo e de se fortalecer. O que faz com que você se sinta bem? Você costuma fazer pausas durante o trabalho ou sai para passear de vez em quando? Você mantém contato com os amigos ou com a família? Como você cuida da sua saúde? As pessoas felizes sabem o quanto é importante saber cuidar de si mesmas para manter o bem-estar; por isso, elas fazem disso uma rotina. O Princípio 7 dá muitas sugestões sobre como cuidar de si mesmo, mas existe um jeito infalível sobre o qual falaremos primeiro e que tem tudo a ver com a disposição para compartilhar e mostrar a própria vulnerabilidade: o amor.

O poder de cura do amor

Os relacionamentos envolvem dar e receber, e o Princípio 6 incentiva você a cuidar muito bem deles e a valorizá-los. As pesquisas revelam que a nossa saúde e a nossa felicidade dependem do poder de cura do amor, da intimidade e dos relacionamentos.

O alimento do amor

Mais de 1.400 anos atrás, quando as sementes de cacau eram usadas como moeda, o chocolate era considerado o alimento dos deuses e conferia poder e sabedoria àqueles que tinham condições de obtê-lo. Montezuma, o viril imperador asteca, só bebia chocolate quando ia visitar o seu harém. Em 1659, o chocolate foi transportado em navios para a França e passou a ser considerado um remédio milagroso pelos médicos franceses. Rumores acerca das suas propriedades afrodisíacas espalharam-se como fogo. No século XVIII, o lendário Casanova bebia chocolate em vez de champanhe e dizia que se tratava de um elixir do amor. (O chocolate tomado em boa companhia cria uma atmosfera de romantismo e sensualidade, mas certifique-se de que se trata de um chocolate de boa qualidade, e não um substituto barato.) Dizem que o famigerado Marquês de Sade servia em sua casa chocolate como sobremesa para estimular a libido dos convidados. Os monges eram proibidos de beber chocolate caso não conseguissem controlar os seus ardores, e um artigo escrito em 1712 na revista *Spectator* advertia os leitores sobre "o grande perigo de envolver-se com chocolate, romances e coisas afins". Mas foram os vitorianos que aperfeiçoaram os rituais de galanteio, acrescentando-lhes caixas de chocolate em formato de coração, presenteadas de joelhos. Hoje, o chocolate continua preparando a atmosfera para o amor no mundo todo, com amantes de chocolate presenteando a pessoa amada com caixas e caixas dessa gostosura.

Os bons relacionamentos nos dão uma sensação de ligação e de fazer parte de um grupo maior. Se você não tem um par, pode conseguir o mesmo efeito com amigos íntimos, com a família ou até com animais de estimação. Leve em conta o seguinte:

Os pensamentos e os gestos de amor fazem com que você se sinta melhor consigo mesmo e isso só aumenta o seu bem-estar. Se você está doente ou deprimido, procure a companhia de alguém que se importa com você ou dê mais atenção a si mesmo. Quando você está num estado de espírito afetuoso, o seu sistema nervoso envia mensagens saudáveis e positivas para o cérebro e para o sistema imunológico.

Não existem relacionamentos perfeitos; portanto, aprenda a valorizar os relacionamentos verdadeiros. Para que eles sejam realmente fortes e íntimos, as duas pessoas têm de respeitar as suas diferenças e superar as adversidades. Elas também precisam ter um compromisso sério entre si. Isso faz com que se sintam mais seguras e consigam mostrar a própria vulnerabilidade, o que só contribui para aumentar a intimidade.

O toque também aumenta o bem-estar e fortalece o sistema imunológico. Estudos realizados com pacientes acometidos de doenças graves mostram que aqueles que tinham relacionamentos próximos mantiveram-se saudáveis por mais tempo. Os bebês que recebem colo e abraços desenvolvem-se mais rápido e mais precocemente do que os outros. Então dê um abraço, dê um beijo, faça uma massagem hoje. Faça amor com mais freqüência.

O sexo regular não é simplesmente um bom exercício; pesquisas mostram que o sexo ajuda a aliviar a insônia e o *stress*, pois estimula a produção dos hormônios do bem-estar, as chamadas endorfinas. A excitação sexual também produz hormônios poderosos que estimulam um vínculo mais forte com o parceiro. Portanto, se a sua vida sexual está ficando monótona, converse a respeito com o seu par, passem mais tempo juntos e recuperem o romantismo do relacionamento. Riam juntos. O senso de humor ajuda a aumentar a intimidade nos relacionamentos.

> ## Significados ocultos
>
> Dar chocolate de presente à pessoa que você ama ou que está cortejando é uma das coisas mais românticas e sedutoras que você pode fazer. Cem anos atrás, dar chocolate a uma pessoa querida era uma prova de afeto. Uma elegante caixa de bombons selecionados pode ter muito significado. Mas, se você pretende dar chocolate de presente, não descuide da qualidade. A embalagem também conta muito. O chocolate fica muito melhor embalado em papel dourado, em vez de prateado, e também fica muito bem em preto e vermelho.

> Existe essa coisa de sexo ruim? Bem, para mim, não existe chocolate ruim.
> — Woody Allen, ator e diretor

Cure as feridas do seu coração compartilhando mais os seus sentimentos. Faça um diário, converse com pessoas em quem você confia ou procure um grupo de apoio. Aprenda a perdoar. Se você está magoado com alguém, faça alguma coisa para esquecer essa mágoa. Quando perdoa, você se liberta dos efeitos negativos da raiva contra si mesmo.

Dedique-se à sua vida espiritual. A crença num poder maior faz com que você se veja como parte de uma comunidade mais ampla, e se sinta mais amado também. A prece e a meditação podem lhe proporcionar um sentimento mais profundo de ligação com as outras pessoas. O amor pode ser definido como algo que afasta você da experiência de separação. E um modo eficaz de fazer isso é comungar com Deus — ou seja lá qual for o nome que você dá a essa experiência.

Chocolate e sexo

Divino, doce, profundo, escuro, suntuoso, gratificante, poderoso, denso, cremoso, sedutor, rico, excessivo, sedoso, macio, luxuriante, celestial. O chocolate é derrocada, é felicidade, é prazer, é amor, é êxtase, é fantasia. O chocolate nos torna cruéis, culpados, pecaminosos, saudáveis, chiques, felizes.
— Elaine Sherman, Madam *Chocolate's Book of Divine Indulgences*

O chocolate é o presente perfeito para dar à pessoa amada e dela receber de presente. Mas por que ele é tão *sexy*? Muitos anos atrás o chocolate era vendido como um produto saudável que as mães davam aos filhos para deixá-los mais fortes e robustos, mas hoje em dia o chocolate é associado ao sexo. E é fácil ver por quê.

O chocolate é um afrodisíaco cujas substâncias químicas causam uma sensação de excitação e bem-estar, muito propícia para o amor. Os nossos hormônios são afetados por essas substâncias e os estímulos sexuais são transmitidos para uma parte do cérebro chamada "centro do prazer". Esse centro manda sinais para a região pélvica, aumentando a libido.

Mas não são apenas as substâncias químicas do chocolate que o tornam tão *sexy*. O chocolate é bem semelhante ao sexo em muitos sentidos. Ele tem de ser desembrulhado, causa uma sensação de enlevo, é consumido com paixão, parece macio e sensual e pode derreter. E é versátil também. Você pode comê-lo quando está sozinho ou quando está na companhia da pessoa amada. Você pode devorá-lo com voracidade ou degustá-lo lentamente, aos pedacinhos. O chocolate também é *sexy* porque faz com que você se sinta travesso e indulgente. É um mimo que você se dá, um mimo prazeroso e gratificante para todos os cinco sentidos.

Sexo e chocolate: o que mais o seu corpo pode querer?

Pesquisas recentes indicam que, a cada quatro mulheres, uma prefere chocolate em vez de sexo. Então chocolate é melhor do que sexo? Você é quem decide, mas eis aqui alguns argumentos divertidos que você pode levar em consideração (e eu tenho certeza que você pode pensar em muitos outros):

- Chocolate você pode ter a hora que quiser.
- Você pode comer chocolate em público.
- Você pode ter quanto tipos de chocolate quiser, sem que as pessoas fiquem dizendo que você é fácil.
- Depois de comer chocolate, você pode virar para o lado e dormir.
- O chocolate sempre lhe apetece.
- Chocolate não é uma palavra que assuste tanto quanto *compromisso*.

Deixe que os outros lhe dêem amor

Algumas pessoas acham difícil aceitar carinho da pessoa amada, da família ou de outras pessoas. Elas talvez alimentem a crença equivocada de que isso as deixará numa posição vulnerável. É mais fácil dar do que receber, fazer algo por outra pessoa em vez de sentir que deve algo a ela. É mais fácil construir uma muralha em torno de si e fingir que é auto-suficiente. Desse modo você não precisa saber que também tem necessidades ou correr o risco de se decepcionar. Confiar em outras pessoas pode fazer com que você se sinta inseguro.

O Princípio 6, no entanto, não diz respeito apenas a dar, mas a dar e a receber na mesma proporção. Para aumentar as suas chances de ser feliz, você precisa deixar que os outros também dêem de si. Eu aposto que você não teria problema em aceitar uma caixa de bombons; então, por que não aceitar uma oferta de ajuda ou uma gentileza? Por que não deixar que o seu par tome a iniciativa na cama? Lembre-se, isso não cabe apenas a você. As outras pessoas têm tanta necessidade de dar e oferecer amor quanto você. Por que você não recebe e agradece a ajuda e o carinho que as outras pessoas lhe oferecem para que elas também possam se sentir bem consigo mesmas?

Se você sente dificuldade em aceitar carinho, pergunte a si mesmo a razão e o modo como está impedindo que coisas boas lhe aconteçam. Por que você encara o ato de receber como uma ameaça? O que você pode fazer hoje mesmo para aprender a aceitar o carinho e a ajuda das outras pessoas?

O universo sempre recompensa um coração aberto e uma mão estendida, mas não um punho fechado. Abra-se tanto para dar quanto para receber, e veja a sua vida ficar mais leve, mais fácil e mais brilhante. Por que basear a sua vida no medo e na insegurança se você pode viver de outra maneira? Existe um antigo ditado sobre dois homens que estavam olhando através das grades de uma prisão. Um via a lama, o outro via as estrelas. Por que olhar a lama se você pode fitar as estrelas?

O Princípio 6 mostra que a felicidade e o amor estão sempre batendo à nossa porta, mas eles só entram se atendermos ao seu chamado e os deixarmos entrar.

Princípio 7

Céu de chocolate

SOBRE O CHOCOLATE: O chocolate é o Prozac dos doces. Ele causa bem-estar.

SOBRE A VIDA: Só você pode curar a sua vida.

O chocolate pode lhe dar uma injeção de ânimo quando preciso, mas o seu efeito será temporário. O Princípio 7 incentiva você a encontrar maneiras mais duradouras de elevar o seu ânimo.

Depois de comer chocolate, você se sente como um deus, como se pudesse vencer inimigos, liderar exércitos, seduzir amantes.
— Emily Lauchetti, confeiteira norte-americana

Cure a sua vida

Quando você está em paz consigo mesmo, a sua mente, o seu corpo, as suas emoções e o seu espírito estão em harmonia. Se você não está se sentindo na sua melhor forma, pergunte a si mesmo:

Eu cuidei do meu corpo e da minha saúde hoje?
Eu exercitei a minha mente hoje?
Eu tomei consciência dos meus sentimentos hoje?
Eu tive um momento só para mim hoje?

Quando demonstra equilíbrio nos quatro aspectos inter-relacionados do seu eu — o físico, o emocional, o mental e o espiritual —, você se sente feliz e realizado. Se, por algum motivo, perde o equilíbrio, você fica insatisfeito consigo mesmo e com a vida. É você quem tem de descobrir como recuperar esse equilíbrio e depois conseguir maneiras de mantê-lo.

Por que esse equilíbrio é tão importante? Porque o que você faz num aspecto da sua vida afeta todos os outros três. Pense nisso. É difícil ser afetuoso (coração), ter lucidez (mente) e viver em sintonia consigo mesmo (alma), se o seu corpo está doente. Para viver plenamente, você precisa buscar o equilíbrio em todas as quatro áreas.

Se perdeu esse equilíbrio e descuidou da sua saúde e bem-estar, seja do ponto de vista físico, emocional, espiritual ou mental, você chegou num ponto em que precisa se curar. O chocolate pode lhe dar um estímulo passageiro quando você não se sente bem, mas não é uma solução definitiva para a sua infelicidade. Seria como pôr um esparadrapo sobre um machucado que precisa de uma sutura. O esparadrapo ajuda, mas não será suficiente para estancar a hemorragia. Você precisa de algo maior e mais forte.

A única maneira de sentir um contentamento duradouro é entender que é você quem tem de se curar. Só você sabe do que o seu corpo, a sua mente, o seu coração e a sua alma precisam — só você pode decidir se quer saúde e bem-estar na sua vida. As dicas a seguir, que visam ao seu equilíbrio, sugerem maneiras pelas quais você pode assumir a responsabilidade pela sua própria cura, para que possa ser feliz em todos os aspectos da vida.

O seu corpo

Somos o que comemos. Se colocarmos o combustível errado no carro, o motor vai falhar. O mesmo se aplica a nós. Se só comermos coisas pouco saudáveis, não nos sentiremos bem, a nossa aparência não será das melhores e não teremos tanto vigor. Fique atento ao que você ingere. Saiba quando já comeu o suficiente. Procure comer muitas verduras e frutas e a quantidade apropriada de proteínas. Coma bastante fibras e evite o açúcar, o álcool, a cafeína e gordura em excesso. Beba muita água para eliminar as toxinas do seu corpo. Se não costuma prestar atenção ao que come, tente conter esse hábito por um dia para constatar que você tem força de vontade suficiente para escolher melhor os nutrientes do seu corpo. Depois tente fazer isso por dois dias e assim por diante, até que comer bem se torne um hábito e aumente a sua sensação de bem-estar.

Como incluir o chocolate numa dieta saudável e balanceada

Como vimos nos Princípios 3 e 4, o chocolate faz bem à saúde quando consumido com moderação. Relembre as dicas a seguir:

Coma chocolate durante ou logo depois das refeições, quando você está menos inclinado a exagerar na quantidade e consumir calorias demais.

Compre barras pequenas em vez de caixas ou barras tamanho família.

Coma frutas frescas com calda de chocolate.

Prefira barras que contenham pedaços ou gotas de chocolate, pois elas matam a sua vontade e têm menos calorias.

Procure compensar o seu consumo de chocolate com exercícios físicos.

Coma de preferência chocolate amargo de boa qualidade, que tem uma porcentagem maior de ácidos esteáricos e de antioxidantes do que o chocolate ao leite.

Coma pequenas porções de chocolate ao longo do dia, em vez de devorar uma barra inteira quando se sente estressado ou deprimido.

Coma o chocolate lentamente; não engula quase sem mastigar. Deixe que o chocolate fique na boca durante alguns segundos para liberar os seus aromas primários; depois mastigue-o um pouco para liberar os aromas secundários. Em seguida, deixe-o ficar em contato com o céu da boca para que você possa sentir toda a sua gama de sabores e texturas. Por fim, desfrute do restinho do sabor antes de abocanhar o próximo pedaço.

Preste atenção aos seus sentimentos. Você está exagerando no chocolate porque está triste, infeliz, zangado, com medo ou se sentindo sozinho? Releia o trecho sobre comer para ter conforto. Não existirá outra solução que não seja chocolate?

> Preste atenção aos nutrientes e às calorias que você ingere. Uma barra de 50g de chocolate puro contém 255 calorias, 14g de gordura, 17mg de cálcio, 2.2mg de ferro, 45mg de magnésio. Uma barra de 50g de chocolate ao leite contém 260 calorias, 15g de gordura, 110mg de cálcio, 0.7mg de ferro, 25mg de magnésio. Uma barra de chocolate branco de 50g contém 265 calorias, 15g de gordura, 135mg de cálcio, oligoelementos de ferro e 13mg de magnésio.

As pessoas que fazem exercícios — seja em treinos intensos ou apenas em longas caminhadas diárias —, sentem-se mais saudáveis e em paz consigo mesmas, além de viver mais plenamente. Os exercícios regulares, entre eles as caminhadas vigorosas, aumentam a nossa felicidade e podem, de maneira indireta, contribuir sensivelmente para melhorar a nossa auto-imagem. Pesquisas sobre atividade física revelam que os exercícios aumentam a autoconfiança. Então por que tantas pessoas se recusam a fazê-los?

Nós muitas vezes fazemos promessas pouco realistas quando se trata de condicionamento físico e depois nos sentimos mal porque não conseguimos cumpri-las. Tenha, portanto, objetivos realistas. Comece com três sessões de exercícios de dez minutos por semana. Se não está acostumado a fazer exercícios, estabeleça objetivos menos ambiciosos, como fazer pequenas caminhadas, em vez de fazer o mesmo trajeto de carro, descer pelas escadas em vez de pegar o elevador. Essas pequenas conquistas aumentarão o seu pendor e motivação pelo exercício; depois que você começar a ter mais resistência e sentir os benefícios que ele traz, não vai querer mais parar.

Tenha uma boa noite de sono. Uma noite inteira de sono lhe proporcionará o combustível necessário para o dia seguinte, fazendo com que você trabalhe melhor e se sinta mais confortável no fim do dia. Segundo alguns estudos, uma quantidade adequada de sono — de boa qualidade — faz bem à saúde, aumenta o bem-estar e contribui para uma visão mais positiva da vida. Se você dorme menos de oito horas por noite, saiba que cada hora perdida de sono resulta em uma dose 8% menor de sentimentos positivos com relação ao dia. Sono demais, quer dizer, dormir mais de doze horas, também pode não ser muito saudável.

A falta de sono de boa qualidade é a principal causa da falta de auto-estima. Não entre em pânico se você não tem dormido oito horas por noite. Cada pessoa precisa de uma quantidade diferente de sono. O melhor indicador da necessidade de sono é o modo como você se sente durante o dia. Você passa o dia alerta, cheio de energia e com uma boa capacidade de concentração? Se você se sente exausto, irritado e prestes a explodir o dia todo, isso é sinal de que não está dormindo o suficiente. Eis algumas sugestões que o ajudarão a dormir melhor: procure estabelecer períodos regulares de sono e de vigília, para que possa manter um padrão de sono. Certifique-se de que o seu quarto esteja confortável e silencioso. Evite fazer refeições pesadas, fazer exercícios e ingerir cafeína duas horas antes de dormir. Relaxe ao máximo antes de ir para a cama. Tome um banho quente ou ouça música suave. Tome uma xícara de chocolate quente antes de dormir.

A sua mente

Uma das melhores coisas que você pode fazer para recuperar o equilíbrio é descobrir um *hobbie*, um talento ou uma atividade pelo qual tenha interesse. Você pode ser bom em muitas coisas. Talvez você tenha talento para ler, para escrever ou para falar. Pode ser que tenha boa memória, seja criativo ou goste de ajudar as pessoas. Pode ser que saiba organizar as coisas, tenha ouvido para música ou seja um bom líder. Não importa quais sejam os seus interesses. Quando faz algo de que gosta, isso se torna um meio de auto-expressão. Isso é divertido, melhora o seu raciocínio e eleva a sua auto-estima.

Busque algo novo. A educação não pára quando você deixa a escola. Continue aprendendo e descobrindo coisas novas o tempo todo. Procure algo diferente que estimule a sua imaginação e o seu interesse. As crianças têm uma curiosidade natural pelo mundo à sua volta. Infelizmente, quando ficamos mais velhos, nós muitas vezes perdemos esse interesse pela vida, e isso pode nos levar à fadiga e ao tédio. O espírito de aventura estimula a criatividade, o entusiasmo e os bons sentimentos com relação a si mesmo. Quando faz algo novo, você sempre se sente mais empolgado e também aprende algo novo acerca de si mesmo. Vá a um concerto ouvir um tipo de música que você não está acostumado a ouvir, faça matrícula num curso noturno, aprenda uma outra língua, visite um lugar onde nunca esteve, mude a sua rotina. As possibilidades são infinitas.

Os aromas agradáveis despertam os sentidos e o cérebro e, num nível subconsciente, também despertam lembranças de coisas boas. Pesquisas revelam que os aromas agradáveis evocam surpresa e felicidade, enquanto os desagradáveis desencadeiam reações de repugnância e desgosto. Eis um jeito rápido de se sentir bem com relação a si mesmo: areje a sua casa e borrife pelos cômodos um perfume floral. Espalhe pelos cômodos um aroma agradável e você sentirá os benefícios.

O seu coração

Restabeleça a ligação com os seus sentimentos; os nossos sentimentos são muito importantes, mas geralmente não sabemos o que estamos sentindo. Se você não está em contato com os seus sentimentos, você não pode ser verdadeiro consigo mesmo e a sua auto-estima sofre com isso. Procure perceber, ao longo do dia, tudo o que você está sentindo. Pare e pergunte-se: "O que estou sentindo agora?", "Por que isso faz com que eu me sinta assim?", "Isso me causa bem-estar?", "Isso me provoca mal-estar?" Isso o ajudará a ficar mais consciente dos seus sentimentos e a reconhecer as suas necessidades.

Quando o seu mundo virar de cabeça para baixo ou você cometer uma estupidez qualquer, mantenha o coração saudável e forte dando uma boa risada. A vida é às vezes uma droga mesmo e não podemos fazer nada a respeito, a não ser rir.

A verdadeira felicidade tem uma natureza reservada e retraída e é inimiga da pompa e do barulho; ela surge, em primeiro lugar, do prazer consigo mesmo e, em segundo, das amizades e da conversa com boas companhias.

— Joseph Addison, político e escritor inglês (1642-1719)

Cultive as suas amizades. Como foi mencionado no Princípio 6, se você quiser saber se uma pessoa é feliz, não pergunte quanto dinheiro ela tem no banco. Pergunte sobre os seus relacionamentos. Pesquisas identificaram os fatores principais de uma vida feliz. Os componentes básicos são a convivência com amigos e familiares, e as relações com colegas de trabalho e vizinhos. Juntos, esses fatores explicam setenta por cento da felicidade pessoal.

Aproveite as oportunidades para fazer amigos. Todos nós precisamos sentir que fazemos parte de algo maior, que nos importamos com as outras pessoas e que os outros também se importam conosco. De acordo com um estudo, se você se sente próximo de outras pessoas, tem uma probabilidade quatro vezes maior de se sentir bem consigo mesmo. Portanto, dê muito valor às suas amizades, cumpra as suas promessas, seja leal, apóie os amigos, seja gentil, ouça o que eles têm a dizer, peça desculpas se cometer algum erro e deixe bem claro quais são as suas expectativas. Diga sempre a verdade e seja sincero com relação a quem você é e o que os outros podem esperar de você.

Não é só a amizade com outras pessoas que pode contribuir para a nossa auto-estima. Pesquisas mostram que a interação com animais nos supre de uma alegria imediata e pensamentos positivos duradouros, além de contribuir consideravelmente para a nossa felicidade. As pessoas que têm um animal de estimação querido têm mais chance de sentir contentamento do que as que não têm.

Dê valor ao que você tem

> Da jornada montanha acima, os últimos cinco quilômetros foram terríveis, e eu disse: "Japhy, há uma coisa que eu gostaria de ter agora mais do que qualquer outra coisa no mundo e mais do que qualquer outra coisa que eu já tive na vida". Tempestades de areia nos enregelavam, enquanto corríamos recurvados pela trilha interminável. "O quê?" "Uma deliciosa barra de chocolate Hershey ou até mesmo uma daquelas pequenininhas. Não sei por quê, mas uma barra de chocolate salvaria a minha alma neste momento."
>
> — Jack Kerouac, *Dharma Bums*

Em geral, quando pensamos na nossa vida, só levamos em conta o que não temos, mas as pessoas felizes sabem como é importante dar valor ao que temos. Imagine que você tenha noventa e cinco anos de idade e esteja fazendo uma retrospectiva da sua vida agora. A que tipo de coisa você não deu valor? À sua saúde, aos seus amigos, à sua família, à sua liberdade? Dê valor ao que você tem e concentre-se no que a sua vida tem de bom. Gratidão e uma atitude otimista são pré-requisitos de uma vida feliz. Procure cultivá-las ao máximo, independentemente das circunstâncias.

A sua alma

> Eu descobri que toda a infelicidade do homem provém de uma única fonte: não ser capaz de se sentar em silêncio num cômodo.
>
> — Blaise Pascal, filósofo, matemático e físico francês

Quando nos esquecemos de prestar atenção ao nosso espírito, ficamos nervosos, estressados e com medo. Nós todos somos criaturas da Terra, e ela nos oferece apoio e tranqüilidade se nos dispusermos a entrar em contato com ela.

A depressão muitas vezes ocorre quando nos empenhamos muito para lidar com as pressões da vida moderna e negligenciamos a nossa alma. Faça uma pausa natural para sentir os pequenos prazeres da vida e recuperar a auto-estima. Uma das melhores maneiras de acalmar a mente é entrar em contato com a natureza. Dê um jeito de sair da cidade, nem que seja por algumas horas por semana. Se não for possível, faça uma caminhada num parque. Reserve algum tempo para apreciar as maravilhas da natureza, a cor do céu, o verde da grama, o canto dos pássaros. Diminua o ritmo por alguns instantes e aprecie a paz e o silêncio. Você vai se surpreender com a rapidez com que vai recuperar as suas energias dessa maneira.

Para viver uma vida equilibrada, com força interior, precisamos ser capazes de fazer uma pausa em nossas atividades, para simplesmente existir. Assim é possível aliviar a tensão e aumentar a consciência de si mesmo. Se você acha difícil fazer uma pausa para simplesmente existir, nunca vai ter paz interior. Desligue o rádio ou a TV. Não leia um livro nem faça nada. Isso vai parecer difícil a princípio; portanto, faça uma pausa breve. Quando já tiver se acostumado, você poderá aumentar esses intervalos e equilibrar os períodos de atividade com os de quietude.

Não tenha medo de ficar sozinho. Celebre a sua solidão. Ninguém pode conhecer você tão bem quanto você mesmo. Não deixe que isso o assuste. Você gostaria mesmo que alguém soubesse tudo a seu respeito? A idéia de ficar sozinho traz uma grande sensação de liberdade com relação a culpas e expectativas. Assustadores ou libertadores — os seus momentos de solidão podem ser uma coisa ou outra. Opte pela liberdade. Opte por celebrar a sua solidão e o fato de que você é absolutamente único e especial.

Como lidar com o *stress*

Um dos fatores que mais põem em risco o nosso senso de equilíbrio e de bem-estar é o *stress*, que muitas vezes surge quando existe algum tipo de desequilíbrio na vida. A primeira providência a tomar é reconhecer a fonte do *stress*. Faça uma pausa e dê uma olhada na sua vida. O seu trabalho está exigindo muito de você? Você está infeliz com o seu relacionamento? Depois de identificar o que está causando a tensão, você pode tomar uma atitude para aliviá-la e restabelecer o equilíbrio da sua vida. Se isso não for possível — digamos que você tenha muitas responsabilidades no trabalho e uma vida pessoal atribulada e precise conciliar as duas coisas, ou tenha um parente idoso para cuidar —, você precisa encontrar outras maneiras de lidar com o seu *stress*. Uma das melhores é aprender a relaxar. Nós comentamos sobre relaxamento no Princípio 4 e o usamos para combater a ansiedade. Agora o usaremos como um meio de preservar a saúde.

Esfrie a cabeça

O relaxamento é um momento em que você recarrega as baterias e se concentra naquilo que lhe faz bem. Já foi cientificamente provado que pelo menos oitenta por cento das doenças podem ser controladas por meio do relaxamento. Nós só precisamos de trinta minutos de um bom relaxamento por dia para normalizar a pressão sanguínea, regular o batimento cardíaco e moderar qualquer outro sintoma de *stress*.

Para relaxar, não basta se sentar com os pés para cima. Você precisa conseguir relaxar o corpo e a mente ao mesmo tempo — e se usar algumas técnicas muito simples, logo vai conseguir. Embora o ideal seja reservar períodos específicos do dia para fazer um relaxamento profundo, relaxar durante alguns minutos por dia também ajuda muito. Isso faz com que você volte às suas tarefas rotineiras revitalizado e mais alerta, além de evitar que o *stress* se acumule.

Existem muitas maneiras de relaxar, e algumas que funcionam muito bem para você podem não funcionar para outras pessoas. Procure experimentar várias técnicas diferentes e descubra qual é a melhor no seu caso. As cinco técnicas de relaxamento mais usadas são: a respiração profunda (ver a seguir), a meditação, a massagem, um banho longo e fumegante e ouvir música ou uma fita de relaxamento.

É importante aprender a relaxar quando sentir o corpo tenso. Você pode conseguir isso assistindo a um filme, lendo um livro, ouvindo música ou tocando um instrumento; mas, se não conseguir, isso é sinal de que precisa aprender a se afastar das suas atividades e tirar um tempo livre. Um jeito de fazer isso é relaxar todo o corpo gradativamente, músculo por músculo. Comece soltando os ombros, relaxando os músculos do corpo e do rosto — é impressionante quantos de nós franzem a testa sem perceber —, respirando profundamente e aliviando a tensão. Existem muitas fitas e CDs de relaxamento à venda que podem ajudá-lo nesse processo.

É só repetir Omm!

Técnicas como a meditação também dão resultados fabulosos se você está estressado. A meditação é uma das maneiras mais simples de relaxar e deixar que a tensão seja eliminada naturalmente do corpo. Ela não só propicia paz mental e serenidade, como também sintoniza a sua mente de modo que ela funcione com mais eficiência.

A meditação não tem nada de complicado — só é preciso que você se sente em silêncio e concentre-se num objeto ou som, deixando que a mente se esvazie de todos os pensamentos externos, até que o corpo e a mente estejam completamente relaxados. Mas, assim como acontece com muitas técnicas aparentemente simples, isso pode ser bem difícil sem um longo período de prática. A princípio, será difícil diminuir a atividade constante da mente, e pensamentos aleatórios quebrarão constantemente a sua concentração. No entanto, as suas habilidades melhorarão com a prática, por isso reserve um período do dia para a meditação, todos os dias da semana. Não é preciso que seja um período muito longo — é melhor reservar alguns minutinhos todos os dias do que um período maior, mas mais difícil de encaixar na sua agenda. Quando começar a sentir os benefícios da meditação, você vai se sentir mais motivado e encontrará mais tempo para ela.

Experimente essa rotina de meditação ou na primeira hora da manhã ou um pouco antes de ir para cama: escolha uma palavra ou frase em que se concentrar — por exemplo, "paz", "feliz" ou "chocolate". Sente-se em silêncio e relaxe o corpo, respirando fundo enquanto contrai e relaxa os músculos. Diga a palavra escolhida toda vez que soltar o ar dos pulmões. Se perder a concentração, simplesmente volte a se concentrar na palavra. A princípio, experimente fazer isso durante cinco minutos e depois vá aumentando gradativamente esse tempo. Pratique essa rotina pelo menos uma vez por dia.

Não espere que o relaxamento ou a meditação seja fácil. Se você vive tenso, vai precisar praticar para aprender a relaxar. Se você se sentir pouco à vontade no início, não se preocupe; simplesmente aceite o fato de que você precisa de mais tempo. Certifique-se de que está respirando profundamente e não pratique quando estiver com fome, com a barriga cheia ou se sentindo exausto. Crie uma atmosfera favorável ao relaxamento. Se você costuma cair no sono com facilidade, evite ficar deitado. Se estiver preocupado com alguma coisa, isso certamente interferirá na meditação ou no relaxamento. A melhor maneira de lidar com pensamentos de preocupação é não dar atenção a eles. Simplesmente aceite que eles surgirão de vez em quando e depois volte a se concentrar no relaxamento.

Se não sentir os benefícios dessa prática imediatamente, não desista nem tente se esforçar demais. Apenas deixe que a sensação de relaxamento aconteça. Uma respiração correta ajudará.

Hálito doce

> O chocolate não só tem um sabor agradável como também é um verdadeiro bálsamo para a boca, pois ele preserva a saúde de todas as glândulas e líquidos orgânicos. Isso significa que todos que bebem chocolate têm um hálito doce.
> — Stephani Blancardi, físico italiano (1650-1702)

O modo como respiramos faz toda a diferença. A respiração lenta e profunda pelo nariz, e não pela boca, ao mesmo tempo em que o abdômen se estende, pode acalmar tanto a mente quanto o corpo e ajuda também a aliviar o *stress*. Experimente fazer esse exercício simples de yoga: respire lentamente pelo nariz enquanto conta até cinco, segure a respiração enquanto conta até cinco outra vez e solte o ar devagar pelo nariz, contando mais uma vez até cinco. Depois faça uma pausa contando até cinco e repita o exercício quantas vezes quiser. A concentração na respiração e a contagem podem fazer maravilhas para acalmar a sua mente, enquanto a respiração regular tranqüiliza o seu corpo.

Quando está estressado, você pode hiperventilar, isto é, respirar muito rápido. Essa respiração rápida é uma resposta natural ao *stress* ou a uma atividade vigorosa. Ela acontece na parte superior dos pulmões e resulta numa absorção exagerada de oxigênio. A respiração rápida não é um problema se durar pouco tempo, mas quando se torna um hábito ela aumenta a entrada de oxigênio na corrente sanguínea, perturbando o equilíbrio entre o oxigênio e o gás carbônico. Isso pode causar sintomas desagradáveis, como formigamento nas mãos ou no rosto, cãibras musculares, tontura, fadiga e dores. Esses sintomas podem ser bem alarmantes, e eles poderão desencadear outro ciclo de *stress*.

É muito fácil aprender a respirar corretamente em momentos de ansiedade. Evite respirar com a parte superior do peito, conter a respiração ou entrecortá-la. Na primeira vez que tentar respirar corretamente, talvez seja melhor você se deitar para sentir a diferença entre a respiração profunda e a superficial.

Primeiro expire todo o ar dos pulmões, depois inspire com calma e suavidade pelo nariz, enchendo os pulmões completamente, de modo que os músculos abdominais se estendam para a frente. Por fim, expire suave e completamente. Repita esse exercício, tentando manter o mesmo ritmo. Experimente respirar dez vezes por minuto, para ajudar. Se não estiver conseguindo inalar ar suficiente, volte a respirar normalmente. Depois tente prolongar a respiração, esvaziando os pulmões, depois inspirando até enchê-los e voltando a esvaziá-los. Se você se sentir bem respirando assim, tente novamente. Para manter o ritmo, não tente forçar a respiração; em vez disso, coopere ao máximo com os músculos do aparelho respiratório.

A respiração com narinas alternadas equilibra os lados direito e esquerdo do cérebro, relaxa o sistema nervoso e acalma o corpo e a mente. Sente-se com as costas retas, mas com o corpo relaxado, e encoste a mão no nariz, alternando ao fechar uma narina com o polegar e a outra com o indicador. Feche a narina esquerda e respire só pela direita, contando até três. Agora feche a narina direita e expire pela narina esquerda contando até seis. Respire mais uma vez pela narina esquerda e repita o exercício dez vezes, alternando as narinas.

É importante que você pratique a respiração correta toda vez que estiver estressado. À medida que praticar, você vai perceber que fica cada vez mais fácil respirar profundamente, em vez de respirar rápido.

Imagine, imagine, imagine

A visualização criativa é outra técnica para alívio do *stress*. Essa técnica consiste em mentalizar imagens nítidas, imaginando-as da maneira que você achar melhor. Se você fizer isso várias e várias vezes, a sua mente acabará aceitando essas imagens como se fossem realidade. O problema com muitos de nós é que vivemos praticando visualização criativa — mas usando imagens negativas em vez de positivas. Se saturarmos a nossa mente com imagens de fracasso, é inevitável que um dia acabaremos por fracassar.

A visualização criativa é uma das maneiras mais simples de acabar com o *stress* e a preocupação. O truque para que ela funcione é imaginar um cenário positivo para qualquer situação que esteja preocupando você e fixá-lo na sua mente. À medida que continuar repetindo esses pensamentos positivos, você começará a enfrentar melhor as situações estressantes e isso reduzirá significativamente a sua ansiedade. Enquanto a sua mente passa por essa reprogramação, ela começará a substituir a preocupação e os pensamentos negativos por pensamentos positivos e de otimismo. Experimente fazer o seguinte:

- Se ficar com raiva, aborrecido ou estressado, imagine os seus maus pensamentos criando asas e voando para longe.
- Se ficar estressado, imagine que está caminhando por uma praia ao pôr-do-sol. Sinta a areia entre os dedos dos pés.

- Se estiver sentindo dor, visualize a cor e o formato dessa dor e depois imagine-a se desvanecendo no ar.
- Se você sentir dificuldade para imaginar cenários, lance mão das suas lembranças felizes do passado. Os pensamentos felizes despertam emoções boas e alteram a química do corpo de maneira positiva.

Use a visualização para encontrar um lugar de paz, para mudar o jeito como você reage ao mundo, para sentir mais segurança e para criar um futuro mais seguro.

Massagem

Assim como sabemos que o poder da mente relaxa o corpo, também sabemos que o poder do corpo relaxa e silencia a mente. Uma das melhores maneiras de relaxar o corpo é usar várias formas de massagem. Além de relaxar os músculos, uma massagem completa também estimula o sistema linfático, a circulação sanguínea, o sistema nervoso e o fluxo de energia do corpo. Estudos já demonstraram que a massagem não só relaxa os músculos, mas também proporciona uma pausa extremamente necessária, em que você se sente cercado de cuidados.

A massagem é um dos tratamentos médicos mais antigos e simples, embora só bem recentemente suas propriedades terapêuticas tenham sido reconhecidas no Ocidente. A massagem pode ser estimulante ou suavizante e pode aliviar a tensão e causar uma sensação de bem-estar. Em sua essência, a massagem é uma extensão de algo que muitas vezes fazemos automaticamente — nós costumamos massagear as partes doloridas do corpo e acariciamos as crianças agitadas para acalmá-las. Até mesmo os afagos que fazemos nos nossos animais de estimação são uma forma de massagem, algo comprovadamente benéfico para baixar a pressão sanguínea e diminuir a tensão tanto de quem afaga quanto do animal. Existem muitas técnicas diferentes de massagem, mas a maioria é bem fácil de aprender. As formas mais simples — como afagar, amassar, fazer movimentos circulares, pressionar com a palma das mãos, pressionar com os polegares — relaxam os músculos, os tendões e os ligamentos para aliviar a tensão. As técnicas mais complicadas, como o shiatsu e a reflexologia, podem ser usadas para desbloquear os canais de energia e para realinhar todo o corpo.

A visualização criativa, a massagem e a respiração profunda podem trazer muitos benefícios, mas o mesmo pode-se dizer de uma boa noite de sono, da prática de exercícios regulares, da alimentação balanceada, da yoga, dos banhos de banheira, do prazer de ouvir a sua música favorita, do bate-papo com os amigos, da prática de atividades fora do trabalho e dos momentos de lazer fora da rotina diária ou daqueles em que você põe os pés para cima e saboreia cada pedacinho do seu chocolate predileto. Existem muitos métodos maravilhosos de relaxar. Muitos de nós acham que não podem perder tempo com um relaxamento. Em vez de pensar nele como num tempo desperdiçado, pense nele como um tempo ganho. Quando você volta para as suas atividades rotineiras, sente-se revitalizado e cheio de energia, e muito mais capaz de enfrentar o que quer que seja.

Sorria e o mundo sorrirá com você

Mas talvez o melhor jeito de reduzir o *stress* seja também o mais simples: aproveitar mais a vida. As emoções positivas associadas com o riso diminuem a produção dos hormônios que provocam o *stress* e aumentam o número de glóbulos brancos, que nos protegem contra as doenças. Pense em todas as coisas que você realmente gosta de fazer e depois tente incluir o maior número delas no seu dia-a-dia.

Os princípios do chocolate mostram o que a ciência agora está comprovando — que o prazer fortalece o sistema imunológico. Quanto mais diversão você tem, mais graça terá à medida que os anos passam e mais saudável se sentirá. Quando você está feliz, os níveis de hormônios e enzimas positivas se elevam e a pressão sanguínea se normaliza. Até mesmo o sorriso pode enviar impulsos pelos canais do prazer, aumentando o seu bem-estar. Aliás, as rugas provocadas pelo hábito de sorrir são muito mais atraentes do que as provocadas pelo hábito de franzir a testa.

Muitos estudos relacionam a felicidade à longevidade e mostram que a felicidade e o bom humor trazem grandes benefícios para a saúde. É importante que você não só tenha prazer na sua rotina diária, mas que também planeje atividades prazerosas para o futuro. E não se esqueça do mantra dos chocólatras: o chocolate faz todo mundo sorrir — até mesmo os banqueiros!

O Prozac dos doces

O chocolate age sobre substâncias químicas do cérebro chamadas neurotransmissores, estimulando a liberação de serotoninas e endorfinas, que causam o bem-estar. E o nosso nível de feniletilamina também aumenta, induzindo sentimentos de prazer — parecidos com os que sentimos quando nos apaixonamos. O nível elevado de magnésio do chocolate também contribui para a euforia que sentimos ao comê-lo.

Muitos de nós nos levamos a sério demais. Lembra-se de como você ficou nervoso e inseguro no seu primeiro encontro? Talvez agora você consiga se lembrar dele com um sorriso nos lábios. Você já pensou que um dia também conseguirá sorrir ao pensar no que tanto o preocupa hoje?

As crianças riem centenas de vezes por dia. Você não precisa parar de se divertir e de brincar só porque não é mais criança. Pesquisas mostram que os jogos que exigem criatividade podem melhorar a concentração, a coordenação, o índice de atenção e a saúde e o bem-estar em geral. Mas não importa o que dizem os especialistas. Isso é puro bom senso. Se você não ri e não se diverte na vida, será que está realmente vivo?

Ame-se e cure a sua vida

Não dá para manter o equilíbrio o tempo todo. Sempre haverá ocasiões em que você se sentirá sem rumo, mas não faz mal. Afinal de contas, a vida é uma aventura e quanto mais coisas você descobrir ao longo do caminho, mais empolgante e satisfatória ela fica. O importante é não perder a esperança e buscar maneiras de recuperar o equilíbrio e a auto-estima. O chocolate é um modo infalível de levantar o nosso moral, mas não se limite a ele; existem milhões de outros modos. Vá em frente, experimente alguns. Você sabe o quanto quer fazer isso!

O Princípio 7 acaba onde começou o Princípio 1. Ele lembra que você não pode fazer nenhum progresso na vida enquanto não acredita que merece ser amado. Quanto mais em paz você está consigo mesmo, mais equilibrada fica a sua vida e mais pleno você se sente. Portanto, ame-se e aceite-se para curar a sua vida. Lembre-se de que você é uma pessoa boa e de valor inestimável, que merece ser feliz. Você nasceu com tudo de que precisa para ter sucesso. Não precisa procurar em outro lugar. O poder e a luz estão e sempre estarão dentro de você.

Quanto mais se elevar, cultivando pensamentos de amor e otimismo e tomando as rédeas da sua vida com esperança e sentido de propósito, mais leve, brilhante, saudável e feliz ela será. Você se sentirá equilibrado e inteiro como pessoa, e nada, nem mesmo o chocolate — embora às vezes ele chegue muito, muito perto — poderá preenchê-lo com uma sensação de prazer tão inebriante.

Posfácio

O chocolate ao redor do mundo

> Bebida divina que aumenta a resistência e acaba com a fadiga. Uma xícara dessa preciosa bebida é suficiente para que um homem caminhe o dia inteiro sem precisar de comida.
> — Hernán Cortés, explorador espanhol (1485-1547)

Houve uma época em que não existia chocolate em forma de confeito. Durante séculos ele só foi consumido como bebida. O chocolate mudou muito, tanto que você não reconheceria a bebida escura e amarga que os antigos astecas conheciam como chocolate.

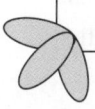

Os astecas só "bebiam" o chocolate, aromatizado com várias especiarias, inclusive baunilha e pimenta. Eles davam a essa bebida o nome de *xocoatl*, que era servida fria e tinha um gosto agridoce. Essa bebida teve um papel importante na cultura maia e na cultura asteca há mais de três mil anos. Em 1519, Hernán Cortés conheceu o *xocoatl* na corte do imperador Montezuma II (1502-1520), o último regente asteca do México. Montezuma foi talvez o primeiro chocólatra que já existiu, pois dizem que ele consumia cinqüenta jarras de *xocoatl* por dia e assegurou que os membros da sua corte recebessem duas mil jarras por dia.

O alimento dos deuses

Os astecas acreditavam que o cacau tinha uma origem divina, sendo o cacaueiro uma ponte metafórica entre o céu e a terra. Por isso, eles achavam que o suco de cacau conferia a quem o bebesse qualidades divinas como sabedoria e conhecimento. As sementes de cacau e o chocolate eram usados em várias cerimônias religiosas, sendo que o chocolate era uma bebida freqüente, por exemplo, nas cerimônias de casamento.

Outras culturas da Antiguidade também usavam a manteiga de cacau nas cerimônias religiosas e, de tempos em tempos, deparamos com o simbolismo ou com as propriedades do chocolate como um alimento que estabelecia uma ligação entre o indivíduo e a divindade. Ele também costumava ser esfregado nos pés para induzir um estado semelhante ao transe, assim como supostamente ajudava as pessoas a fazer uma viagem simbólica pelos reinos divinos.

O hispânico Hernán Cortés tomou Montezuma como seu prisioneiro (ele acabou morrendo na prisão) e levou o *xocoatl* para a Espanha, onde lhe acrescentaram açúcar, baunilha e canela, em vez de pimenta em pó. O chocolate continuou sendo uma exclusividade da Espanha durante centenas de anos, até que começou a ser apreciado na Itália, na França e em outras partes da Europa. Ele continua a ser um artigo de luxo que só os mais abastados podem comprar, devido às altas taxas de importação do cacau. Na França, o chocolate também era vendido pelas suas propriedades medicinais e também era usado para tratar febres, tosses, dores no peito e de barriga e como um fortificante para engordar.

It's a chocolate, chocolate world

Aos poucos, as casas de chocolate começaram a se espalhar por toda a Europa e se tornaram pontos de encontro de intelectuais e gente da moda. O chocolate que as pessoas bebiam na época, e que conquistou tanta popularidade, era feito de uma pasta farelenta de péssima qualidade e com uma grande porcentagem de gordura. Mas os amantes do chocolate só puderam contar com um chocolate comestível com o surgimento do chocolate sólido, que só ficou conhecido por volta de dois séculos depois. Em 1849, o primeiro chocolate comestível de verdade, produzido industrialmente, começou a ser comercializado numa feira em Birmingham, na Inglaterra. Os tabletes eram fabricados por uma empresa chamada Fry, que acrescentava açúcar e licor de chocolate à manteiga de cacau.

O surgimento do chocolate na América remonta ao século XVIII, quando o cacau trazido das Índias Ocidentais começou a ser processado. Em 1900, os primeiros tabletes Hersheys começaram a aparecer em muitas lojas norte-americanas e lojas de chocolate logo infestaram todas as cidades. Na verdade, foi só quando o chocolate surgiu nos Estados Unidos que as pessoas começaram a pronunciar a palavra "chocolate" da maneira como ela é pronunciada hoje.

Transformando árvores em chocolate

O cacaueiro é uma árvore notável e diferente que na floresta amazônica atinge doze metros de altura. As suas sementes, usadas na produção do chocolate, ficam dentro da vagem, ou do fruto, da árvore, e costumam ser chamadas de amêndoas. Os cacaueiros são árvores pouco comuns porque os frutos e as flores crescem do tronco e dos galhos mais baixos. As vagens chegam a medir vinte centímetros de comprimento por sete de largura e cada uma delas contém de vinte a quarenta sementes.

Depois de colhido o cacau, as amêndoas são fermentadas, torradas e descascadas. A polpa da amêndoa é moída e transformada em pó, com o qual são feitos a manteiga de cacau e o licor de cacau. Os fabricantes de chocolate chamam esse resíduo de massa de cacau. Essa massa é então misturada mais uma vez com a manteiga e com o licor de cacau, para que outros tipos de chocolate sejam produzidos.

A conchagem é a etapa seguinte do processo. Concha é um recipiente cheio de massa de chocolate misturada e refinada que é aquecida até adquirir uma consistência líquida. O tempo de conchagem é o que determina a consistência e a qualidade do chocolate. Os chocolates mais finos podem ficar até uma semana na conchagem, enquanto os mais baratos ficam só algumas horas. O processo final é chamado têmpera. O chocolate é resfriado e reaquecido em estágios. O chocolate é vendido líquido ou em blocos, antes do processo final de fabricação.

> Assim como acontece na Espanha, a superioridade do chocolate, tanto em termos de saúde quanto de nutrição, logo o tornará a bebida preferida na América, em detrimento do chá ou do café.
>
> — Thomas Jefferson, presidente dos Estados Unidos

Richard Cadbury (o fundador da companhia de chocolate inglesa Cadbury) deu início a uma eficiente tradição para aumentar as vendas: criou, em 1868, a primeira caixa de bombons do Dia dos Namorados. Robert Stroehecker é o "pai" do primeiro coelhinho de Páscoa de chocolate — outro ícone da propaganda bem-sucedido, que surgiu em 1890. As Forças Armadas dos Estados Unidos também ajudaram o chocolate a ganhar fama. Durante as duas guerras mundiais, a dieta dos soldados incluía essa guloseima, para lhes dar mais energia, e hoje os soldados do exército ainda recebem 200 gramas de chocolate por dia. Segundo estimativas, um norte-americano médio come mais de seis quilos de chocolate por ano!

Chocolate: Últimas palavras sobre o nosso sonho de consumo

Hoje em dia, a nossa ânsia por chocolate supera a ânsia por qualquer outro tipo de alimento no Ocidente. Não há como fugir do fato de que o chocolate é o doce preferido de pessoas do mundo inteiro, mas, como os princípios do chocolate nos mostram, o chocolate é muito mais do que um alimento; ele é uma parte fundamental da nossa vida. Felicidade, prazer, dar e receber, amor, êxtase, fantasia — com uma pequena dose de perigo. Tudo isso você encontra no chocolate, uma tentação com um gostinho doce de sucesso.

Eu espero que os princípios deste livro o tenham ajudado a conhecer um pouco mais do seu verdadeiro eu e da paixão, do amor e das dádivas que você tem a oferecer. Disponha-se a desembrulhar algumas dessas dádivas, enquanto desembrulha uma caixa de bombons. A sua família, os seus amigos e colegas de trabalho serão imensamente beneficiados. E você também será beneficiado de maneiras que nem sequer imaginou — ainda.

Apêndice

Prazer sem culpa

A seguir apresento algumas delícias de chocolate às quais você não deveriam nem *tentar* resistir. *Esta é uma zona livre de culpa.* Se cozinhar não for o seu forte ou você simplesmente não tiver tempo de ir para a cozinha, não se preocupe — todos os chocolates, bolos e sobremesas a seguir podem ser comprados num supermercado.

Quando faço doces com chocolate, sempre prefiro o chocolate meio amargo, pois ele tem um gosto mais acentuado. No entanto, a qualidade do chocolate varia consideravelmente de acordo com a porcentagem de massa e de manteiga de cacau. Quanto mais alta essa porcentagem, melhor é o chocolate, que deveria conter no mínimo trinta e quatro por cento de massa e manteiga de cacau (os melhores contêm sessenta por cento ou mais). O chocolate ao leite não é adequado para ir ao fogo, mas você pode usá-lo derretido, para confeitar um bolo. Embora o chocolate branco também não costume ser usado em sobremesas, a sua consistência cremosa faz com que ele às vezes possa ser usado em sobremesas que não vão ao fogo. Reserve o chocolate próprio para a cozinha para pratos que vão ao forno. As coberturas, os glacês e os achocolatados adoçados ou sem açúcar em geral não são adequados para pratos que não vão ao fogo, mas ficam muito bons quando usados em sobremesas assadas.

Quando for derreter o chocolate, quebre-o em pedaços e depois experimente um destes métodos:

- Escolha um recipiente que resista ao calor e coloque-o em banho-maria. O recipiente não deve ficar em contato com a água. Aqueça levemente o chocolate até que ele derreta, mexendo de vez em quando.
- Coloque os pedaços de chocolate numa forma para microondas e ligue o forno na potencia mínima. Cheque o chocolate depois de um minuto; depois ligue o forno novamente até que o chocolate comece a brilhar. Tire-o do forno e mexa até que ele derreta.

Observação: Em todas as receitas a seguir, uma xícara corresponde a 250 gramas.

Gateau de dar água na boca
Aproveite!

Este é um delicioso bolo de sabor acentuado e de massa úmida e aromática.

400g de chocolate meio amargo de boa qualidade
1/2 xícara de leite
1 tablete mais uma colher de sopa de manteiga sem sal
1 colher de sopa de açúcar mascavo
6 ovos médios
1 xícara de farinha com fermento peneirada
1/3 de xícara de amêndoas moídas

Para o glacê:
300g de chocolate meio amargo
3 colheres de sopa de manteiga sem sal

Preaqueça o forno (180 graus). Unte com manteiga duas formas de bolo redondas de 20cm de diâmetro e reserve. Numa tigela refratária apoiada sobre uma panela com água bem quente, derreta o chocolate com o leite. Mexa delicadamente até o chocolate ficar liso e brilhante. Deixe esfriar.

    Misture com uma colher de pau a manteiga e o açúcar até obter uma mistura cremosa e esbranquiçada; aos poucos vá acrescentando os ovos e adicionando um pouco de farinha, caso a mistura comece a coalhar. Acrescente o chocolate derretido e mexa.

    Vá acrescentando o resto da farinha e depois as amêndoas moídas até obter uma massa homogênea. Despeje a massa nas formas untadas e nivele a superfície. Deixe assar por 25 minutos e depois teste com um palito. Deixe esfriar por 5 minutos antes de desenformar.

Faça o glacê: Derreta o chocolate e a manteiga em banho-maria até que a mistura fique homogênea e de aparência aveludada. Deixe esfriar por 5 minutos.

Espalhe o glacê entre os dois bolos e coloque um sobre o outro. Use uma faca para espalhar a massa sobre o bolo e cubra as laterais com o que sobrar do glacê. Serve 12 pessoas.

O melhor brownie do mundo
Um pedacinho do céu!

1 1/2 xícara de açúcar
1 1/2 tablete de manteiga
100g de chocolate para cozinha
3 ovos batidos
1/2 colher de sopa de essência de baunilha
1/2 xícara de farinha de trigo
1/2 colher de sopa de fermento
1/2 xícara de nozes torradas

Preaqueça o forno (160 graus) e unte uma forma quadrada com manteiga e farinha.

Bata o açúcar e a manteiga durante 5 minutos na batedeira, até que a mistura fique cremosa e esbranquiçada. Derreta o chocolate e adicione os ovos, a essência de baunilha e a mistura de açúcar e manteiga. Misture durante 2 ou 3 minutos. Peneire a farinha e o fermento e vá adicionando à mistura de chocolate aos poucos, parando a batedeira várias vezes para raspar as beiradas da tigela. Acrescente as nozes.

Despeje a massa na forma untada e deixe no forno durante 30 minutos ou até que o palito saia limpo.

Deixe esfriar completamente antes de desenformar. Quando estiver frio, corte em quadradinhos. Serve 6 pessoas.

Pudim com calda de chocolate
Quase bom demais para dividir com outra pessoa!

Antes de ir ao forno, esse pudim parece um verdadeiro desastre, mas o calor o transforma numa sobremesa deliciosa. Varie a receita acrescentando castanhas, frutas secas ou usando menos essência de café.

1 tablete de manteiga derretida
2 ovos grandes, batidos
2 colheres de sopa de essência de café
2 xícaras de leite integral
1¼ xícara de açúcar mascavo
3/4 de xícara de farinha com fermento, peneirada
1/3 de xícara de manteiga de cacau
3/4 de xícara de nozes
Xarope de bordo ou Karo a gosto
3 colheres de sopa de uísque, conhaque ou rum

Preaqueça o forno (160 graus). Misture a manteiga, os ovos, a essência de café e 1/2 xícara de leite. Adicione uma xícara de açúcar, mais a farinha, a manteiga de cacau e as nozes. Mexa bem. Despeje a massa numa tigela refratária untada.

    Aqueça o resto do leite até quase o ponto de fervura. Adicione o xarope, mexa até derreter e depois acrescente a bebida alcoólica.

    Espalhe o açúcar que sobrou sobre o pudim e, por cima, a mistura de leite quente. Deixe no forno por uma hora. O pudim deve ficar macio ao toque e ter uma rica calda de chocolate. Ele fica maravilhoso com creme *fraîche* ou *chantilly*. Você também pode experimentar servi-lo com figos secos ou ameixas secas. Serve 8 pessoas.

Profiterolis com calda de chocolate
Para oferecer aos amigos

Para as bombinhas de creme:
1 xícara de água
6 colheres de sopa de manteiga sem sal, cortada em pedaços
Uma pitada de sal
1 colher de sopa de açúcar
3/4 de xícara de farinha de trigo
4 ovos grandes

Para a calda de chocolate:
1/2 xícara de creme de leite fresco
250g de chocolate de boa qualidade
Sorvete de qualquer sabor

Preaqueça o forno (200°).
   Profiterolis: coloque a água, a manteiga, o sal e o açúcar numa panela grande em fogo alto, até ferver. Mexa até a manteiga derreter. Adicione a farinha e cozinhe durante alguns minutos, até a massa desgrudar da panela. Transfira a mistura para uma tigela, acrescente os ovos e bata bem. Unte uma assadeira e, com uma colher, vá pingando a massa, deixando uma distância de 5cm entre elas. Asse os profiterolis na parte superior do forno durante 10 minutos. Reduza a temperatura para 150 graus e asse por mais 15 minutos, até que a massa fique dourada e sequinha. Espere esfriar.

Calda de chocolate: aqueça o creme de leite fresco em fogo brando. Adicione o chocolate e mexa até que ele derreta. Tire do fogo e deixe esfriar.

Corte os profiterolis ao meio e recheie a metade de baixo com uma colher de sorvete. Cubra com a outra metade. Despeje por cima a calda de chocolate. Serve 10 pessoas.

Musse de chocolate
Só para maiores.

Receita à base de chocolate derretido. Para derreter o chocolate, quebre-o em pedacinhos e depois coloque-o em banho-maria (sem deixar que o recipiente com o chocolate entre em contato com a água). Aqueça levemente até que o chocolate derreta, mexendo de vez em quando.

250g de chocolate amargo derretido
1 colher de sopa de manteiga sem sal
3 colheres de sopa de conhaque
7/8 de xícara de creme de leite
3 claras
2 colheres de sopa de açúcar granulado

Misture o chocolate, a manteiga e o conhaque até obter uma massa homogênea. Bata o creme de leite até formar picos.
    Num outro recipiente, bata as claras em neve e depois vá acrescentando o açúcar até formar picos firmes.
    Despeje o creme batido na mistura de chocolate derretido; depois despeje delicadamente as claras em neve. Coloque o musse em taças e deixe na geladeira por pelo menos uma hora. Sirva com um pouco de *chantilly*. Serve 6 pessoas.

Trufas de chocolate

Perfeito para dar e receber de presente

150g de chocolate amargo
2 colheres de sopa de manteiga sem sal
1/4 de xícara de açúcar de confeiteiro
1 gema de um ovo médio
2 colheres de sopa de rum, conhaque ou uísque
Chocolate em pó ou em flocos, ou nozes moídas

Derreta o chocolate e a manteiga juntos. Acrescente o açúcar peneirado, a gema de ovo e a bebida alcoólica e mexa. Deixe na geladeira por algumas horas até ficar bem firme. Molde no formato de bombons e depois role cada um deles no chocolate em pó ou nas nozes. Deixe na geladeira antes de servir. Dá 12 trufas.

Sorvete de chocolate
Delicioso!

2 ovos e 2 gemas
1/2 xícara de açúcar
1¼ xícara de creme de leite
250g de chocolate de boa qualidade, cortado em pedacinhos
1¼ xícara de creme de leite fresco batido
1/4 de xícara de rum

Numa vasilha grande, misture os ovos, as gemas e o açúcar. Numa panela grande, aqueça levemente o creme de leite e o chocolate até que o chocolate derreta. Mexa bem para misturar, depois leve ao fogo até ferver, mexendo o tempo todo. Despeje a mistura de chocolate na mistura de ovos e mexa bem, depois transfira para um recipiente em banho-maria. Deixe cozinhar, mexendo até que o creme fique suficientemente espesso para cobrir a colher. Coe numa tigela e deixe esfriar. Numa tigela grande, bata o creme de leite fresco e o rum e depois junte à mistura de chocolate. Coloque num recipiente que vá ao *freezer*. Cubra com filme e deixe no *freezer* por quatro horas, até que fique firme. Distribua em taças geladas usando um pegador de sorvete. Dá de 6 a 8 porções.

Waffles de chocolate
Conforto no prato

4 colheres de sopa de manteiga
60g de chocolate de boa qualidade
1½ xícara de farinha de trigo
1 colher de sopa de fermento em pó
1 colher de sopa mais 2 colheres de chá de açúcar
2 ovos, separados
1¼ xícara de leite
Manteiga derretida

Derreta 4 colheres de sopa de manteiga e o chocolate; deixe esfriar.
    Numa tigela grande, peneire a farinha e o fermento. Acrescente o açúcar e misture. Faça um buraco no meio da massa, adicione as gemas e misture bem. Aos poucos, adicione o leite, alternando com a mistura de manteiga e chocolate. Bata bem. Numa tigela, bata as claras em neve até obter picos firmes. Acrescente as claras em neve à massa de chocolate e misture delicadamente. Unte o aparelho de *waffle* com manteiga derretida e coloque em fogo médio. Coloque um pouco da massa de *waffle* no aparelho e feche-o. Deixe no fogo por um minuto e vire, até o *waffle* ficar dourado e crocante. Como cobertura, use *chantilly*. Salpique canela em pó e sirva com morangos quentes, se desejar. Dá por volta de 10 *waffles*.

Fondue de chocolate
Ai, que delícia!

1 abacaxi
1 manga
2 kiwis
1¼ xícara de morangos
250g de uvas verdes sem caroço
2 ou 3 figos secos

Fondue
250g de chocolate de boa qualidade, em pedaços
2/3 de xícara de creme de leite fresco batido
2 colheres de sopa de conhaque ou suco de laranja

Descasque o abacaxi e corte-o em cubinhos, desprezando a parte central. Descasque a manga e os kiwis e corte-os em fatias. Corte os figos em quatro. Separe as frutas em potinhos individuais e deixe-as na geladeira. Para preparar o *fondue*, coloque o chocolate e o creme de leite batido na panela de *fondue*. Coloque a panela em fogo baixo, até o chocolate derreter. Misture o conhaque ou suco de laranja. Leve a panela à mesa, sobre o *réchaud* aceso. Cada convidado espetará uma fruta com o garfo especial e o mergulhará no chocolate. Além das frutas, você pode servir biscoitos ou bolos cortados em pedaços, *marshmallows* ou suspiros. Dá para 6 pessoas.

Biscoitos com gotas de chocolate
Hummmm...

3/4 de xícara de manteiga
3/4 de xícara de açúcar demerara
1/4 de xícara de açúcar mascavo
1 ovo
1 colher de chá de essência de baunilha
1 1/3 xícara de farinha de trigo
1/3 de colher de chá de bicarbonato de sódio
200g de gotas de chocolate

Preaqueça o forno (200º). Bata a manteiga e o açúcar até obter uma mistura cremosa e esbranquiçada. Adicione o ovo e a essência de baunilha. Peneire a farinha e o bicarbonato e adicione à mistura de manteiga. Misture as gotas de chocolate. Usando uma colher de sopa, disponha porções de massa sobre uma forma ou papel-manteiga untado e asse por 10 minutos. Rende 45 biscoitos.

Mousse de chocolate
Sensacional!

200g de chocolate de boa qualidade
500ml de creme de leite fresco bem gelado
1 colher de chá de essência de amêndoas

Derreta o chocolate e deixe-o esfriar durante 5 minutos. Enquanto isso, bata o creme de leite fresco e a essência até obter picos bem firmes. Acrescente o chocolate frio delicadamente; você vai ver pontinhos de chocolate na mistura. Transfira a mistura, às colheiradas, para taças de vidro e deixe na geladeira por uma hora antes de servir. Dá 6 porções.

Pão-de-ló de chocolate
Diabolicamente gostoso!

2/3 de xícara de farinha de trigo peneirada
1/3 de xícara de chocolate em pó
1 1/4 xícara de açúcar
6 ovos grandes, separados
1 colher de chá de cremor de tártaro
Uma pitada de sal
1 colher de chá de essência de baunilha

Preaqueça o forno (180 graus). Numa tigela pequena, bata a farinha, o chocolate em pó e 3/4 do açúcar.

Numa tigela grande, bata na batedeira as claras, o cremor de tártaro e o sal em baixa velocidade, até obter uma mistura espumante. Adicione o resto do açúcar. Aumente um pouco a velocidade da batedeira e bata por aproximadamente dois minutos, até formar picos firmes.

Em outra tigela grande, bata as gemas de ovos e a essência de baunilha em baixa velocidade, até obter uma mistura homogênea; depois aumente a velocidade e bata por cerca de dois minutos, até a mistura engrossar e adquirir um tom esbranquiçado. Despeje essa mistura sobre as claras batidas e misture tudo. Vá acrescentando aos poucos os ingredientes secos, esperando que se incorporem à massa antes de acrescentar mais. Delicadamente, transfira a massa, às colheiradas, para uma forma de bolo inglês untada. Nivele a superfície e elimine bolhas de ar. Asse o bolo durante 45 minutos, depois aumente a temperatura do forno e deixe-o assando por mais 15 minutos, aproximadamente. Tire do forno e deixe-o esfriar. Fica muito bom acompanhado de morangos e *chantilly*. Dá 10 porções.

Muffins de chocolate
Perfeitos!

2¼ xícaras de farinha de trigo
1 colher de chá de fermento em pó
Uma pitada de sal
1 colher de sopa mais 2 colheres de chá de açúcar
60g de gotas de chocolate
4 colheres de sopa de manteiga derretida e resfriada
1 ovo batido
1 xícara de leite

Preaqueça o forno (200 graus). Unte 12 forminhas de muffins.
    Peneire a farinha, o fermento em pó e o sal numa tigela grande. Adicione o açúcar e as gotas de chocolate. Numa tigela pequena, misture a manteiga, o ovo e o leite. Adicione-os aos ingredientes secos e mexa até umedecer a farinha, mas mantendo uma aparência granulada. Passe a massa para as forminhas, às colheiradas. Asse em forno preaquecido durante 15 ou 20 minutos, até que eles cresçam e fiquem dourados. Deixe-os esfriando nas forminhas durante 5 minutos, antes de servir. Dá 12 muffins.

Chocolate quente
Remédio para todos o males
Fica pronto em 5 minutos

120g de chocolate amargo de boa qualidade
2 xícaras de leite

Faça o melhor chocolate quente que você já viu! Coloque 120g de chocolate amargo ou ao leite de boa qualidade numa panela pequena, adicione 2 xícaras de leite quente e mexa bem. Aqueça o chocolate até que o leite comece a ferver. Sirva em canecas grandes, com uma cobertura de creme *fraîche* e raspas de chocolate ou *marshmallows* em miniatura. Dá 2 canecas.

Delícia de chocolate branco

120g de chocolate branco
4 colheres de sopa de conhaque ou rum
1/4 de colher de chá de essência de baunilha
1 litro de leite

Coloque o chocolate, o conhaque e a essência de baunilha numa tigela refratária dentro de uma panela com água fervente. Deixe em fogo médio até que o chocolate derreta. Tire do fogo. Enquanto isso, ferva o leite numa caneca. Tire o leite imediatamente do fogo e derrame-o sobre o chocolate derretido, mexendo bem. Sirva em canecas. Dá 2 canecas.

Chocolate quente mexicano

100g de chocolate preto
1 litro de leite
1 colher de sopa de açúcar de baunilha
1/2 colher de chá de canela em pó
Açúcar a gosto
Uma pitada de pimenta (opcional)

Aqueça numa panela o chocolate, o leite, a essência de baunilha, a canela e a pimenta. Quando o chocolate começar a derreter, misture bem e deixe ferver. Bata a mistura manualmente. Sirva quando começar a ficar espumante. Dá 2 porções.

Petiscos rápidos de chocolate
Os biscoitos de chocolate acabaram?

- Despeje cobertura de chocolate sobre bolachas sem recheio, para deixá-las mais saborosas.

- Descasque uma banana e coloque-a no *freezer* por 30 minutos. Derreta um pouco de chocolate e despeje sobre a banana congelada. O chocolate esfriará imediatamente. Coma a seguir.

- Faça um *milk-shake* delicioso: coloque no *freezer* durante 15 minutos uma barra de chocolate em pedaços. Depois coloque o chocolate congelado no liquidificador, junto com 600ml de sorvete de baunilha e 1/4 de xícara de leite. Bata durante 1 minuto e despeje num copo alto.

- Um *fondue* de dar água na boca: tudo o que você precisa é de 250g de chocolate meio amargo e 6 colheres de sopa de creme de leite fresco. Derreta o chocolate em banho-maria, mexa até ficar homogêneo e misture com o creme de leite. Transfira para uma tigela pequena e sirva com frutas frescas e nozes.

- Faça uma calda de chocolate usando 2 colheres de chá de amido de milho, 8 colheres de sopa de chocolate em pó, meio litro de água fria, 8 colheres de sopa de açúcar e 2 colheres de chá de essência de baunilha. Misture o amido de milho e o chocolate em pó e dissolva-os numa panela com meio litro de água fria. Coloque a mistura no fogo e mexa até ferver. Desligue o fogo e continue mexendo até a mistura engrossar; depois adicione o açúcar e a essência de baunilha. Guarde a calda na geladeira, num pote tampado, por até 6 semanas.

- Derreta chocolate em banho-maria e passe num *croissant* cortado ao meio. Deixe o *croissant* esfriar e esquente-o no forno no café da manhã ou no lanche da tarde. Tenha cuidado ao derreter chocolate, pois, caso ele esquente demais, pode empelotar. Ele derrete com mais facilidade quando cortado em pedacinhos. Não mexa o chocolate até que ele derreta e, mesmo assim, mexa delicadamente. Para que o chocolate fique mais cremoso, mexa-o só depois que ele derreter completamente.

Sobre a autora

Theresa Cheung é autora de treze livros de auto-ajuda e de psicologia, inclusive *Coffe Wisdom, Worry: The Root of All Evil, Men and Depression: What to Do When the Man You Care About Is Depressed* e *Stress: The Lazy Person's Guide*. Theresa também é colaboradora das publicações inglesas *Red, Prima* e *She* e mora em Londres.